Camminando camminando

Der sizilianische Cantautore Pippo Pollina
im Gespräch mit Benedetto Vigne
Vorwort von Linard Bardill

Sämtliche Liedtexte 1986 - 1997
mit deutscher Übersetzung

f

Camminando camminando
Copyright 1997 by FACTEON Verlag, Besigheim
Alle Rechte vorbehalten
Satz und Gestaltung: Kristian Timm
Umschlag: Kristian Timm
Umschlagfoto: Manuel Tintschl
Niederschrift, Übersetzung und Redaktion: Benedetto Vigne
Kapiteleinleitungen: Benedetto Vigne
Lektorat und Glossar: Ulrike Wörner
Lektorat Kapiteleinleitungen: Flurin Spescha
Übersetzung der Liedtexte: Elio Solari, Christine Pollina-Roos,
Bänz Friedli, Ulrike Wörner, Vincenzo Panza
Fotografien: Andrea Castiglia - Seite 27, Matthias Ketz - Seite 95,
Yvonne Griess - Seite 61, Stefan Loeffler - Seite 103 + 110
ISBN 3-9805966-0-5

No canto por tener buena voz,
canto porque la guitara tiene sentido y razon

Victor Jara

Benedetto Vigne

1951 in Belluno, Italien geboren, aufgewachsen in Graubünden, Rockjournalist für den Tages - Anzeiger, Zürich; Musikredakteur beim Radio Rumantsch, Chur; rätoromanischer Schriftsteller und Liedermacher (Werke: Benni & Others: Carezzas LP 1978; Or da schlers e baraccas MC 1985; Vagabunts: 11 Polaroids CD 1995).

Über das Buch:

Die exemplarische Biographie eines sizilianischen Liedermachers, dessen Laufbahn auf den Strassen Europas begann und über die freundschaftliche Zusammenarbeit mit Linard Bardill, Konstantin Wecker und George Moustaki - um nur einige zu nennen - zu einem ebenso engagierten wie emanzipierten kompositorischen Oeuvre führte, das glücklicherweise noch lange nicht abgeschlossen ist.

Im Dialog mit Benedetto Vigne, Musikkritiker des Zürcher Tages-Anzeiger, lässt Pippo Pollina seine frühesten Kindheitserinnerungen, die Jugendzeit auf Sizilien, den Widerstand gegen die Krake Mafia, das Verlassen der Heimat, die Begegnung mit dem nicht immer so kühlen Norden und den Beginn seiner Karriere Revue passieren. Erstmals liegen seine poetischen Liedtexte - auch die bisher unveröffentlichten - sowohl im Original als auch in der deutschen Übersetzung vor.

Ein tiefgründiges Buch voller Temperament, Witz und Charme.

Inhalt:

Vorwort von Linard Bardill   11

Notiz des Protokollanten   13

Teil 1 - Palermo, Oktober 1996

    I. Mondello   19
    Palermo und Zürich, Süd und Nord;
    zwei Städte, zwei Welten
    II. Autostrada Punta Raisi - Palermo   33
    Die Mafia; Begegnungen der unheimlichen Art
    III. Segesta   43
    Jara, Agricantus und der Ouroboros;
    Freundschaften in der Enge
    IV. Monte Pellegrino   55
    Nach der Ausreise – von der Strassenmusik
    zu den europäischen Bühnen
    V. Bar Caflisch   69
    Erinnerungen und Lektüren;
    von Schule zu Schule
    VI. Lo Zingaro   83
    Von Videoclips und Schwellenängsten –
    oder wie ich Lieder mache
    VII. Monreale   97
    6 Alben und 80 Lieder...

    Nachtrag, Zürich, im März 1997   109

Teil 2 - Le canzoni / Die Lieder

    Aspettando che sia mattino, 1986   117
    Sulle orme del Re Minosse, 1989   143
    Nuovi giorni di settembre, 1991   161
    Le Pietre di Montsegur, 1993   183
    Dodici lettere d'amore, 1995   203
    Il giorno del falco, 1997   227
    Canzoni diverse 1986-1997   255

Glossar   271

Vorwort

„Wenn du wählen kannst zwischen einem bekannten Übel und etwas Gutem, das sich noch nicht bewährt hat, wähle das Übel!" Pippo ist dem Rat des tausendjährigen Sprichwortes seiner Heimat nicht gefolgt. Anstatt Anwalt zu werden wie sein Vater, ist er abgehauen, kurz vor dem Universitätsabschluss, nur für ein, zwei Wochen, höchstens drei...
Sieben Jahre sind daraus geworden, quer durch Europa, die Gitarre im Gepäck und die Neugierde dessen, der auszog, das Leben zu lernen, das Fürchten hatte er in Palermo schon zur Genüge erprobt. Sieben Jahre Wanderung, wie viele Kilometer, wie viele Lieder, wie viele Menschen...
Ich bin einer von ihnen - glücklich, ihn als „Compare" zu haben, die Art der Freundschaft mit ihm zu pflegen, für die es bei uns keinen Namen mehr gibt. Viele der Orte dieses Buches habe ich mit ihm kennengelernt, die meisten davon in der Nacht, menschenleer, geheimnisvoll, den Mond als wankelmütigen Begleiter. Manche sind beim Lesen wieder aufgetaucht und mit ihnen die Gespräche, Gedanken und Geschichten. Beim Besuch der legendären Katakomben der Kapuziner mit ihren einbalsamierten Leichen sprachen wir über die Flüchtigkeit des Lebens und ich erinnere mich, dass Pippo sagte, er hasse nichts mehr als die Ewigkeit, alles Lebendige aber sei wert, geliebt zu werden.
Alles kehrt zurück. Auch der Compare nach Sizilien. Was er mit sich führt, sind Geschichten, Lieder und Begegnungen aus sieben Jahren Wanderschaft. Wie froh ich bin, dass er dem bekannten Übel das unbekannte Gute vorgezogen hat!

Linard Bardill

Notiz des Protokollanten

„Italiens verlorene Söhne" nannte sie einmal ein Journalist – italienische Emigranten der ersten und zweiten Generation, die in ihrer neuen Heimat eine Karriere als Sänger oder Liedermacher verfolgen und dort, auch wenn sie in ihrer Muttersprache singen, zu beachtlichem Erfolg gelangen, im Lande ihrer Väter jedoch kaum je zur Kenntnis genommen werden. Der piemontesische Jazz- und Folksänger Gianmaria Testa wurde unlängst, als 35jähriger, in Paris entdeckt, und erfreut sich dort einer wachsenden Gefolgschaft. Die Catanesische Bluessängerin Etta Scollo hatte in den frühen neunziger Jahren eine vielbeachtete Präsenz – in Österreich. Einer der erfolgreichsten deutschen Schlagersänger der achtziger Jahre heisst Francesco Napoli – und singt auch so. Sie alle figurieren nicht im „Dizionario della canzone italiana", im grossen Buch des italienischen Liedes. Einer, der auch noch auf seinen Eintrag wartet, ist Pippo Pollina aus Palermo; 1985 kam er, als 22jähriger, mit Gitarre, Schlafsack und einer Handvoll eigenen Liedern in die Schweiz und begann Strassenmusik zu machen. Heute gehört er zu den prominentesten Rockfiguren Helvetiens und besitzt ausserdem eine grosse Anhängerschaft in Deutschland und Österreich.

Gewiss, wir dürfen auch bei dieser Kunst nicht sämtliche Figuren in denselben Topf werfen; Napoli und Testa verhalten sich zueinander wie McDonalds zu Freilandeiern. Ebensowenig wie die italienischen Popstars mit internationalem Renommee – Eros Ramazzotti, Zucchero, Laura Pausini – die italienische Musikszene in ihrer ganzen Vielfalt und Tiefe wiedergeben, ebensowenig darf die künstlerische Bedeutung der singenden Emigranten daran gemessen werden, wie bekannt oder erfolgreich sie in ihrer alten Heimat sind. Das Verhältnis zwischen dem Sänger und seinem Publikum, zwischen Lied und Hörer, ist ohnehin ein verschlungenes; in einem kulturell fremden Umfeld wird es nochmals komplexer. Dies mag auch eine Aussage illustrieren, die Pippo Pollina im folgenden Gespräch einmal beiläufig macht: „Manchmal werde ich auch gestraft". Weil sein Publikum ihn nicht immer beim Wort nimmt, nehmen kann, sondern nur noch als Projektionsfläche für die eigenen Italienbilder missbraucht – amore, sole, mare, belcanto, und wie die Stich- und Reizwörter alle heissen mögen.

Als mich Pippo ein halbes Jahr nach seiner Ankunft in der Schweiz zum ersten Mal anrief und sich als Cantautore vorstellte, wäre auch ich beinahe in die Falle des Klischees gestolpert. Einen Augenblick lang sah ich ihn als Vertreter der grossen Gilde, zwar nicht ganz so berühmt, aber doch ein Kollege des lebensfrohen Lucio Dalla, des verhaltenen Francesco De Gregori, des sentimentalen Antonello Venditti, des unverblümten Edoardo Bennato, des mysteriösen Franco Battiato, des monumentalen Fabrizio De André, der chaotischen Gianna Nannini, will heissen: wohl vernetzt und aufgehoben in einer geschichtsträchtigen, etablierten Szene. Ich hatte übersehen, dass das Starmachersystem in Italien genau gleich funktioniert wie anderswo. Das einzige Netz, in dem der junge Pippo Pollina damals zurecht kam, waren die Strassen und Plätze in den Städten des nördlichen Europas.
Ich durfte Pippo in den ersten zehn Schweizer Jahren journalistisch begleiten, ihn künstlerisch und erfolgsmässig wachsen sehen. Ich lernte ihn als einen zielstrebigen und gewissenhaften Menschen kennen, der bei sich weder musikalische noch lyrische Halbheiten toleriert; so tadellos sein Gitarrenspiel, so tadellos seine Diktion. Seine Poesie liebt das Bildhafte, die Metapher, seine Melodie weicht von der klassischen italienischen Linie ab, ist französisch und südamerikanisch gefärbt. Er intoniert sie mit einer kräftigen, sonoren Stimme, einem rauhen Schrei eher zugeneigt als dem Süssholzraspeln seiner nächsten Verwandten. Und Pippos Livepräsenz ist inzwischen sprichwörtlich geworden; quirlig, spitzbübisch, hellwach, bewegt der Sänger seine Einsfünfundsechzig über die Bühne, schwirrt er vom Gitarren-podest zum Klavierstuhl und zurück.
Dieselbe Beweglichkeit zeigt der Sänger, im übertragenen Sinn, im täglichen Leben. Er, der ein Weggezogener ist, ein Ausgewanderter, ein Grenzgänger, sucht nicht nur die künstlerischen und musikalischen Freundschaften immer wieder aufs Neue, er ist auch bestrebt, überall den kulturellen und gesellschaftlichen Anschluss zu finden. Es war mir in meiner Arbeit stets auch ein Anliegen, den Künstler in dieser Ganzheit zu vermitteln, die besonderen Umstände herauszustreichen, bereits in den Titeln meiner jeweiligen Artikel anzudeuten: „Palermo liegt bei Luzern", „S'isch alles va bene", „Heimweh ist Fernweh". Diese andauernde journalistische Begleitung führte schliesslich zur Zusammenarbeit beim vorliegenden Buch.
Am Anfang stand die Idee einer Veröffentlichung sämtlicher

Liedtexte. Wir einigten uns auf einen biographischen Vorspann in Form eines Gespräches, den wir möglichst an Originalschauplätzen führen wollten. Im Herbst 1996 kehrte Pippo Pollina mit seiner Familie erstmals für längere Zeit wieder nach Palermo zurück. Mit einem vagen Konzept im Kopf und einem Handrecorder im Gepäck reiste ich ihm Mitte Oktober nach. Während vier Tagen sprachen wir ganze sieben C 90-Kassetten voll, jede vor einer neuen historischen oder geographischen Kulisse. Erst gegen Ende unserer Spaziergänge keimte die Idee auf, die verschiedenen Plätze in die Arbeit mit einzubeziehen. So entstanden die impressionistischen Einleitungen zu den Kapiteln, fragmentarische, nur aus den Augenwinkeln wahrgenommene Flashs. Die Kassetten wurden aber auch nicht immer optimal aufgenommen, manchmal wurden die Sätze vom Rumpeln der Automotoren und dem Zischen von Kaffeemaschinen übertönt.

Zurück in Zürich schrieb ich das Registrierte mit einer rudimentären italienischen Orthographie nieder, um es anschliessend zu übersetzen und zu verdichten. Die Anordnung der Kapitel entspricht ungefähr der Reihenfolge der Gespräche. Nun ja, innerhalb des Lauftextes erlaubte ich mir einige Montagen, Overdubs quasi, wie man sie bei modernen Musikproduktionen bezeichnet. Und der Nachtrag entstand, wie klar ersichtlich, erst nach Erscheinen des sechsten Albums „Il giorno del falco". Bei der Niederschrift beliess ich einige italienische Ausdrücke im Original – sie wurden von Ulrike Wörner im Glossar eingedeutscht – nicht um pädagogisch zu sein, sondern einfach, um eine Spur des Kolorits zu retten. Oder, um mit den Worten Pippos zu sprechen, ein wenig aus jenem Koffer zu verschenken, den jeder und jede von uns mit sich herumträgt.

Benedetto Vigne

Teil 1

Palermo, Mondello, im Oktober 1996
Kapiteleinleitungen von Benedetto Vigne

I. Mondello

Der Himmel ist leicht bedeckt; Wolkenfetzen jagen einander von den Bergen her in die Bucht hinaus. Schirokko, der Wüstenwind, ist im Anzug. Mitte Oktober, und die Tage sind noch kurzärmelig. Einst muss man das Meer von hier aus gesehen haben, es ist nur hundert Schritte entfernt und um die Ecke. Aber die Pinie im Vorgarten hat inzwischen die Aussicht gestohlen. Die Zweige reichen bis in die Dachterrasse, spielen Kontrast mit den rostroten Tonplättchen des Bodens. Die Natur hat auch dieses Häuschen, wie die anderen neunundneunzig der Umgebung, in ein Märchenwerk verwandelt, überwachsen, versteckt. Es gehört aber trotzdem nicht zu den Perlen des Ortes. „Merkwürdig, wie phantasielos in den sechziger Jahren gebaut wurde," sagt der Sänger. Bei der Herfahrt eben hatte er auf das Nachbarhaus gezeigt: „Liberty". Dieses wäre sein Wunschobjekt gewesen, ein Zuhause für die Dauer einer kurzen Rückkehr. Die Miete war dann aber zu hoch; als Alternative blieb ihm das schmucklose Gebäude aus der jüngeren Zeit, ungefähr so jung wie er selbst.
Die Schönheiten des Ortes zeigen sich dem Fussgänger häppchenweise hinter Gezweig und Grünwerk: Jugendstil noch und noch, manchmal Art Déco, einmal sogar Bauhaus, die Häuser allesamt mit maurischem Einschlag, zwei Stockwerke, Flachdach, ein Türmchen. Aber jedes ein unverwechselbares, schmuckes Einzelstück. „Villino" heisst es jeweils auf dem Schildchen beim Tor: Kleine Villa. Die ersten wurden zu Beginn des Jahrhunderts erstellt; Palermo war noch wohlhabend, und diese Ebene zwischen dem Monte Pellegrino und dem Capo Gallo gerade frisch entsumpft. Mondello, die Fischerstätte am Rande, wuchs zum grossen Villendorf herauf, blühte auf – und verwelkte. Viele Gebäude sind verlassen oder warten auf die nächste Badesaison. Einige haben schon manchen Sommer verpasst, bleiben vielleicht für ewig geschlossen. Und auch die Natur, so nachsichtig sie auch sein mag, kann den Grad des Verfalls nicht verbergen.
Die Hauptader unten am Meer hingegen lebt, vibriert. Es ist Samstagabend; das Villendorf rauscht auf, Palermo zieht es nochmals an das Westende hinaus, in die Restaurants und Bars der Strandpromenade. Und zwischen der abstrakten, surrenden Musik der Autokolonnen und dem Gelächter des Wochenendes schafft hie und da sogar das Gezirpe der Zikaden den Weg hinauf zur Terrasse. Und von drinnen die Kinderstimmen, von Julian, von Madlaina ...

Benedetto Vigne:
Pippo, du bist seit einigen Wochen wieder in Palermo – der ideale Ort, um über dich und deine Lieder zu erzählen ...

Pippo Pollina:
Damit wir uns richtig verstehen, gleich vorweg: Es gibt einige Dinge, über die ich nicht sprechen will. Dazu gehören meine Familie, mein Privatleben. Das bedeutet ja nicht, dass ich nicht ehrlich sein möchte. Ich wurde auch schon mit der Frage konfrontiert: Bist du bereit, ganz ehrlich zu erzählen? Ehrlichkeit ist vom Grad deiner Entwicklung abhängig. Was für mich heute die Wahrheit ist, ist es morgen möglicherweise wieder nicht, und umgekehrt.

Mir scheint auch, dass die Wahrheit viele verschiedene Facetten besitzt. Man kann sich ihr nur einkreisend nähern. Darum bin ich auch ohne klares Konzept hierher gekommen. Oder hast du dir bereits Gedanken gemacht, wie wir bei diesem Gespräch vorgehen sollten?

Wir sollten zusammen einige Orte aufsuchen, die für mich von Bedeutung waren. Und zwar nachts. Vieles, wovon ich dir erzählen werde, wird man nur in der Nacht verstehen können. Als ich noch hier lebte, war ich oft abends unterwegs. Der Lebensrhythmus ist hier anders. Freunde, die ich heute in der Schweiz treffe, besuchen mich um sechs, sieben Uhr abends nach der Arbeit; um Viertel vor zehn verabschieden sie sich. „Es ist so spät", sagen sie, „ich bin müde, ich muss morgen um sechs aufstehen." Als ich noch in Palermo lebte, da trafen meine Freunde um Viertel vor zehn erst ein. Das Leben ist hier um mindestens zwei bis drei Stunden verschoben. In den ersten Jahren in der Schweiz empfand ich dieses Phänomen besonders stark; ich hatte grosse Mühe, es zu akzeptieren. Da sass ich zuletzt immer mit denselben Leuten zusammen, lauter emigrierte Palermitaner, und vielleicht noch die drei üblichen Verrückten des Ortes; wir blieben stets unter uns, jenseits des gesellschaftlichen Kontextes. Nimm zum Beispiel Zürich, eine Stadt, die sich als Metropole ausgibt. Sie ist es nicht, und du kannst es schon daran sehen, dass es unter der Woche schwierig ist, nach Mitternacht etwas zu essen zu bekommen. Es fehlt diese Art von Kultur; nachts pflegen die Schweizer grundsätzlich zu schlafen. So ist Zürich zwar nicht gerade eine Provinzstadt, aber doch nur eine kleine Stadt mit den Strukturen einer grossen.

Mir scheint, du hast die Tendenz das Nachtvolk zu mystifizieren. Und du definierst jetzt die Metropole allein durch dieses Phänomen, das man möglicherweise in Zürich weniger antrifft als etwa in Mailand oder Berlin. Zudem habe ich den Verdacht, dass du Geographie und Gesellschaft durcheinander bringst. Ich weiss zum Beispiel, dass es in Zürich eine Szene gibt, die insbesonders nachts lebt. Denk an die Raver, an die illegalen Bars. Aber wenn wir schon dabei sind, nehmen wir als Gegenbeispiel irgendeine mittelgrosse Stadt in Italien. Nicht gerade Palermo, weil das ein Sonderfall ist. Letzten Mai weilte ich in Turin, es war Samstagabend, das Wetter wunderschön, und kein Mensch auf den Strassen. Und wenn ich an gewisse Abende in der Zürcher Altstadt denke, an denen vor lauter Menschen beinahe kein Durchkommen mehr ist ...

Va be ... Aber es betrifft auch andere Bereiche. Mein Sohn geht dort um acht Uhr in den Kindergarten, insomma, non scherziamo; meine Schwester ist hier in der Region Palermo Anwältin, vor halb zehn morgens beginnt sie nicht zu arbeiten. Im Zürcher Stadthaus gehen sie um diese Zeit beinahe schon zum Mittagessen ... hier unten isst man pranzo um zwei. Was ich damit sagen will: Zu Mittag wird gegessen, Punkt; die Zürcher Restaurants füllen sich mit Bankangestellten ...

...und weisst du, was der Zürcher an dieser Stelle entgegnen würde? Er würde sagen: Schau Zürich, schau Palermo!

E poi?

Das Funktionieren der einen Stadt, das Nichtfunktionieren der anderen – vielleicht hängt dies auch mit ebendiesen verschiedenen Lebensrhythmen zusammen. Die Lebenskultur bestimmt die Gesetzmässigkeiten ...

Gewiss. Ich musste mich zum Beispiel daran gewöhnen, dass es so etwas wie Ladenschlusszeiten gibt; wir waren eben daran gewöhnt, dass es immer weiter und weiter ging ... Zu Verabredungen kamen wir immer zu spät; der Stundenplan war für uns nichts Exaktes, sondern mehr ein aleatorisches Konzept. Ich kann mich erinnern, wie mir ein Schweizer Freund damals den Rat mit auf die Reise gab: „Wenn du einmal in der Schweiz bist, komm immer fünf Minuten zu früh zur Arbeit, erscheine immer fünf Minuten zu früh zu den Abmachungen." All diese kleinen Sachen, die man sich dann allmählich zu eigen macht. In der Tat, hier unten nennt man mich jetzt „lo svizzero", den Schweizer ...

Aber es kann dir auch eine gewisse Genugtuung verschaffen, wenn du dich so verändern siehst?

Sicher. Nur wer sich ändert, bleibt sich treu, sagt Wolf Biermann, und ich bin mit ihm ganz einverstanden. Eins mit sich selber zu sein bedeutet nicht, sein Leben lang immer derselben Meinung zu bleiben, sondern die Veränderungen in dir und um dich herum zu beobachten. Du musst eins sein mit dieser Veränderung; es gibt ein Werden, wie Heraklit sagt, es gibt einen Zusammenhang zwischen dir und deiner Veränderung, nur muss man sich dessen bewusst sein. Dann ist es schön zu wachsen, eine andere Gesellschaft aufzusuchen, Neues zu erlernen, sich das beste daraus zu nehmen. Wenn ich mich in der Schweiz nicht gewissen Gesetzmässigkeiten angepasst hätte, ich hätte nicht ein Zehntel dessen erreicht, was ich bisher erzielt habe.

Als du damals auswandertest, zogst du mit der Idee aus, in die Schweiz zu reisen?

Ich war nie zuvor in der Schweiz gewesen, ich kannte sie nicht und sie zog mich nicht an. Mir gefiel Wien, weil ich dort bereits Konzerte gegeben hatte. In die Schweiz kam ich aus einem einzigen Grund, und das ist eine lange Geschichte: Als ich 14 Jahre alt war, war ich oft mit einer Gruppe von Jugendlichen zusammen, ungefähr zwanzig an der Zahl, ausschliesslich Männer, alle leidenschaftliche Musikliebhaber eines bestimmten Musiktypus; es sollte gesellschaftsbezogene Musik sein, sie sollte, in Anführungszeichen, politische Inhalte transportieren. Nun, diese Interessengemeinschaft verteilte sich grosso modo auf zwei musizierende Gruppen. Die eine, deren Mitbegründer ich war, nannte sich Agricantus; die andere hiess Alcantara, so wie die kleine Schlucht hier auf Sizilien. Während wir mit den Agricantus hier in Sizilien blieben, zogen die Alcantara weg – sie waren zu fünft und alle um die 16 Jahre; sie verliessen ihre Familien und begannen durch die Welt zu vagabundieren. Sie reisten per Autostop nach Siracusa, mit Geige, Mandoline, Gitarre unter dem Arm. Ihre Musik bewegte sich im Kielwasser von Eugenio Bennatos „Nuova Compagnia del Canto Popolare", einem damals sehr populären Volksmusikensemble aus

Neapel. Das war in den Jahren 1979-80. Sie waren also fortgezogen, kamen langsam nach Neapel, nach Rom, immer per Autostop. In Florenz blieben sie ein halbes Jahr, dann gingen sie weiter nach Wien, Frankfurt, Norwegen, England, kurzum, sie reisten um die halbe Welt, lebten von der Strassenmusik, schliefen, wie sie mir erzählten, in abgestellten Bahnwaggons – damals wurden die Bahnhöfe nachts noch nicht abgeschlossen wie heutzutage –, wuschen sich in den Bahnhofsduschen und zogen am nächsten Morgen weiter. Und sie schrieben mir dann wunderschöne Briefe, schwärmten von ihren Liebschaften, überall Mädchen, in Oslo, London, Paris. Für uns war das eine fantastische Welt; die vergnügten sich, während wir da unten mit der harten Realität der 80er Jahre zu kämpfen hatten, die schlimmste Zeit, die Palermo wohl je erlebt hat. Hinzu kamen die familiären Konflikte; wir sollten studieren, an unsere berufliche Zukunft denken, aber nicht ans Musizieren, geschweige denn an Musik mit politischen Inhalten. Ihre Reise empfand ich als ein ausserordentliches Abenteuer. Die Gruppe hatte sich damals in Wien niedergelassen. Ich hatte soeben Agricantus verlassen und mein Studium abgebrochen, und so kam es zum Entschluss, meine Freunde zu besuchen: „Ich möchte drei, vier Wochen mit euch musizieren, so lerne ich auch einmal dieses abenteuerliche Leben kennen." Die Dinge nahmen ihren Lauf: Ich zog los, um drei Wochen mit ihnen zu verbringen; es wurde eine zweijährige Reise daraus, die mich zuerst nach Luzern führte, dann nach Wien, später nach Ungarn – noch vor dem Öffnen der Grenzen – nach Frankreich, nach London, Cambridge, insomma, ich erlebte selber eine abenteuerliche Zeit. Und ich bin nicht mehr nach Sizilien zurückgekehrt. „Camminando camminando" begriff ich insofern, dass ich mich auf einem Terrain bewegte, auf dem ein ernsthaftes Gespräch beginnen konnte. Ich hätte jedoch dabei nie gedacht, dass ich einmal in der Schweiz landen würde.

Als ich vorhin von der Schweiz sprach, dachte ich an eine Idee „Schweiz", die einer Idee „Amerika" ähnlich sein dürfte. Und die betrifft einen Süditaliener, insbesondere in den 70er und 80er Jahren: Sizilianer, Apulier, Kalabreser. Ich erinnere mich, dass ich 1974-75 mit Sizilianern in Zürich arbeitete ...

Nein, eine solche Idee kannte ich nicht. Ich hatte keine Verwandten in der Schweiz, keine Bekannten, keinerlei Kontakte, keiner meiner Freunde war je dort gewesen; ich wusste vom Geographieunterricht, dass Zürich und Genf in der Schweiz liegen, mehr nicht. Dasselbe gilt übrigens für Deutschland; ich hatte lediglich einen Onkel, der in Solingen lebte und dort in den Stahlwerken arbeitete; aber ich hegte Deutschland gegenüber eine starke Abneigung, seiner jüngsten Geschichte wegen. Wenn du mich nach einem Klischee fragst: kulturell war ich ganz anders orientiert; ich liebte Südamerika, Frankreich, die poètes maudits, die französische Musik, Leo Ferré, Jacques Brel, dies waren meine Bezüge. Die USA konnte ich ebenfalls nicht ertragen; sie waren niemals ein Mythos für mich; anders Südamerika – das war der Mythos meiner Jugend.

Aber gerade ein solcher Mythos kann auch das Motiv einer Auswanderung sein. Nach Zürich gehen hiess für mich damals dorthin gehen, wo etwas los ist, dorthin, wo jene Sachen passieren, die mich faszinieren. Vergleichbar mit den „fantastischen Abenteuern" deiner „Alcantara". Ich kam ja von den Bergen, und Zürich war ein Ziel mit einem gewissen Inhalt. Einiges davon wurde dann später obsolet. Dafür habe ich mir, wie du vorhin sagtest, Neues angeeignet. Lebensarten, Philosophien. Vor einigen Jahren unterhielt ich mich mit einem jüngeren Bergler, Katholik wie ich, über ethisches Verhalten in unserer Zeit. Ich optierte für ein aufgeklärtes, verantwortungsbewusstes Handeln, und er lachte mich aus: „Das ist ja die reinste protestantische Denkweise, die du da vertrittst". Und zu meinem Entsetzen setzte er meiner Ethik den stockkatholischen Spruch entgegen: „Sündige heute, beichte morgen." Ich muss mich unmerklich zu einem Zwinglianer gewandelt haben in diesen 20 Jahren Zürich. Hast du auch schon ähnliche Erfahrungen gemacht?

Glaub ich nicht. Ich genoss schon hier unten eine europaorientierte, weniger regionalistische Erziehung; ich besuchte das wissenschaftliche Gymnasium und hatte das Glück, sehr laizistische, nicht streng katholische, Lehrer zu haben. Sie haben mir eine grosszügige, offene Sichtweise vermittelt. Ich verstand sehr bald, dass die Welt nicht hinter den Bergen endet, dass es jenseits des Meeres noch etwas anderes gibt. Und so musste ich auch nie einen Bruch erleben, im Gegenteil. Vielleicht ist dies auch ein Grund, weshalb ich in der Fremde immer gleich den Kontakt mit den Einheimischen gesucht und gefunden habe, und nicht etwa mit den Italienern. Die Italiener in der Schweiz und in Deutschland sind für mich nicht der kulturelle Bezugspunkt; sie spiegeln die reelle aktuelle Italianità viel weniger wieder, als es den Anschein hat; ihre Italianità ist nur noch Folklore. Das mag widersprüchlich klingen, aber leider ist es so: viele ausgewanderte Italiener sind stehengeblieben, sie merken nicht, wie sehr sich Italien verändert hat.

Sind die Sizilianer sehr katholisch?

Unter dem substantiellen Aspekt gesehen, wer ist es denn heute noch? Wer folgt noch den Regeln? Sex machen alle schon vor der Ehe. Formell sind sie jedoch sehr katholisch, insbesondere im Hinterland der Insel. Es ist ein verschlossenes Volk; die sizilianische Realität ist voller Symbolik. Man muss alles, was um sich herum passiert, symbolisch deuten können; ein Wort kann alles sagen, du musst imstande sein, aufgrund eines einzigen Wortes das Ganze zu begreifen. Wir unterscheiden uns da sehr von den Neapolitanern; jene sind eher Grossmäuler, Lügenerzähler, sie lieben es, die Wirklichkeit auszuschmücken. Ein Sizilianer hingegen ist introvertiert; er beobachtet und schweigt. Aber wenn er einmal spricht, dann umso heftiger. Es ist ein Klischee, dass alle Süditaliener gleich sind ...

Diese Schweigsamkeit passt jedenfalls nicht so zu meinem Bild des Katholizismus; da sehe ich doch eher die neapolitanische Ausschmückung, die Lüge, das Doppelleben ...

Gewiss, wenn du an die Mafia und an die „omertà," die Schweigepflicht, denkst. Buscetta, der reumütige Mafiaboss, sprach 1984 mit Falcone und offenbarte ihm alle Geheimnisse. Und dann ging Falcone zu seinen Freunden Staatsanwälten und sagte: „Schaut mal her, nicht einmal der Name stimmt; bis jetzt dachten wir immer, es hiesse Mafia; Mafia ist nur die Bezeichnung des Volkes; die Struktur selber nennt sich jedoch Cosa Nostra." Zweihundert Jahre lang konnte sich dieses Geheimnis halten; das ist doch auch bezeichnend für ein verschwiegenes Volk. Der Kellner, der uns heute Mittag bediente, war sehr schweigsam; wenn er ein Neapolitaner gewesen wäre, hätte er auf deine Frage, was dies für ein Palazzo da drüben sei, sämtliche Palazzi von Mondello aufgezählt; er hingegen brummelte nur etwas in seinen Bart ...
Das will nicht heissen, dass sie unhöflich wären; sie sind sehr gastfreundlich, und wenn sie einmal Freundschaft schliessen, geben sie dir alles, was sie haben. Aber sie sprudeln nicht so über wie die Amerikaner, „you are my friend" bereits nach zwei Minuten ...

Du erwähntest vorhin, es brauche nur ein einziges Wort, um alles zu sagen. Das heisst aber auch, das Wort hat die Funktion eines Codes, eines Passwortes.

Genau. Ich will dir eine Anekdote erzählen. Ich war mit einer österreichischen Freundin auf der Vucceria, auf dem traditionellen palermitanischen Altstadtmarkt. An einem Verkaufsstand kaufte ich ihr ein Gelato. Und ich vergass schlichtweg zu bezahlen. Nach 50 Schritten fiel es mir plötzlich ein; ich kehrte sofort an den Stand zurück, und entschuldigte mich: „Es war keine Absicht". Der Verkäufer nahm das Geld und sagte kein Wort. Nichts. Ich war schon wieder am Gehen, da stand er mir im Weg und sagte: „Passen Sie auf, man raubt Ihnen das Portemonnaie!" Ich griff mit der Hand nach dem Hosensack, und tatsächlich, mein Portemonnaie ragte schon zur Hälfte heraus. Ich wurde andeutungsweise ausgeraubt; es war eine Warnung. Und da stehst du nun und versuchst jedes Wort richtig zu deuten. Aus einem Klopfzeichen auf dem Tisch muss ich erkennen, ob mir jemand gut oder schlecht gesinnt ist. Wer hier lebt, lernt es; alles wickelt sich nach Codes ab, auch der Alltag. Ein Symbolismus ohne Ende ...

Und das fehlt dir in der Schweiz?

Nein, es fehlt mir nicht. In der Schweiz sind die zwischenmenschlichen Beziehungen zwar von viel Kälte markiert - als Beispiel die Geschäfte am Bankschalter: Alles sehr kalt, sehr formell., aber du weisst, dass du auf etwas Anspruch hast, und das bekommst du auch dann, wenn du in der Gesellschaft ein Niemand bist; hier unten jedoch bekommst du, was dir zusteht, nur wenn du angesehen bist, eine persona rispettata.
Ich erzähle dir eine andere Anekdote, um das zu illustrieren. Ich war elf Jahre alt und ging in die scuole medie. Ich war ein fleissiger und guter Schüler und mein Banknachbar Basile war der Klassenboss. Da er weniger gut in der Schule war, machte ich ihm öfters die Aufgaben. Ein anderer Mitschüler plagte mich andauernd; da ich ein ruhiger, zurückhaltender Typ war, reagierte ich nicht. Eines Tages jedoch beleidigte er mich so sehr, dass Basile sofort zu mir sagte: „Pippo, du musst reagieren, wenn du's nicht tust, verliere ich meine Ehre, weil ich dein Freund bin." Ich verstand. Kaum hatte die Schlussglocke geläutet, versammelten wir uns alle hinter dem Schulgebäude; mein Beleidiger und ich gingen

mit Fäusten und Tritten aufeinander los, nach einer Minute lagen wir bereits am Boden. Basile trennte uns und sagt zu mir: „Bravo Pippo, jetzt hast du Mut bewiesen, du hast gezeigt, dass du zurückschlagen kannst." Und von diesem Tag an belästigte mich niemand mehr. Verstehst du, ich musste es für seine Ehre tun.
Hier läuft alles auf diese Art und Weise ab, auch in der Welt der Erwachsenen. Rispetto, die Ehrerbietung – das ist das Wichtigste auf Sizilien. Unlängst liess ich an der Tankstelle da vorne den Wagen auffüllen. Ich bezahlte und gab dem Jungen 3000 Lire hinzu. Er antwortete mit dem Blick eines Beleidigten, fasste es offenbar als Almosen auf. Ich fühlte mich genötigt, ihn zu beruhigen: „Trinken Sie einen Kaffee auf mein Wohl." Jetzt erst verstand er es und bat mich zu warten. Und unverzüglich begann er die Frontscheibe meines Wagens zu reinigen.

Aber das sind wohl Elemente einer jeden Gesellschaft, die archaische Verhaltensmuster bewahren konnte. Und ich denke, dass man solches bestimmt nicht nur auf Sizilien antrifft. Bei jeder einigermassen intakten Ethnie, ob jetzt in Afrika oder in den Alpen, wirst du ritualisierte Handlungen vorfinden können, die dem Gegenüber Ehrerbietung oder Verachtung signalisieren. Aber wenn ich vorhin fragte, ob du dies in Zürich vermissen würdest, da dachte ich auch an einen anderen Aspekt

Pippo Pollina 1986

des Codes, dieser Symbolik, die du immer wieder anführst. Man könnte ihn im weitesten Sinn auch Metapher nennen – letztenendes besitzt dies alles auch eine sehr poetische Seite ...

Mit der rosaroten Brille gesehen, gewiss ...

Ich will nicht romantisieren. Ich finde einfach, dass es eine fundamentale Neigung des Menschen gibt, seine Handlungen, seine Gefühle, seinen Alltag in Bilder zu verpacken. Der Anfang der Poesie quasi ...

Du hast recht. Und das fehlt mir in der Tat. Aber, um ehrlich zu sein, ich bemerke es erst jetzt wieder: Es ist das erste Mal seit 11 Jahren, dass ich mehr als 2 Wochen in Sizilien verbringe. Langsam kehren gewisse Angewohnheiten zurück, die ich beinahe vergessen hatte. Dass ich morgens nicht mehr aufstehen muss und es bereits tausend Dinge zu tun gibt – wo fange ich an, ich sollte einkaufen gehen, und dann die Kinder, und dann dies und dann das, ich muss unbedingt Frau Soundso anrufen, aber noch vor 18 Uhr, weil der Laden dann schliesst – also ein Abgrund von Dingen, der einen vergessen lässt, dass es noch eine menschliche Seite gibt, dass wir Menschen es sind, die die Sachen bestimmen. In der Schweiz hingegen bestimmen die Sachen den Menschen.
Wo immer ich mich auch befinde, versuche ich das Maximum herauszuholen, die Gepflogenheiten anzunehmen, die mir helfen, mich weiterzuentwickeln. Und die kulturelle Konfrontation, die erlebe ich alle Tage; meine Frau ist Schweizerin, wir haben einen steten Meinungsaustausch, auch auf ethisch-kultureller Ebene, wenn du so willst. Zum Beispiel, was die Erziehung unserer beiden Kinder betrifft; da gibt es manches, worin wir uns unterscheiden. In der Schweiz müssen die Kinder in der Regel um halb neun schlafen gehen; ich erinnere mich noch genau, wenn ich als Kind um diese Zeit ins Bett geschickt wurde, war ich traurig; die ganze Welt wurde grau. Manchmal möchte ich meinen Sohn zum Weiterspielen anhalten; mir gefällt der Gedanke, dass für ihn der Tag noch nicht zu Ende ist, dass es noch weitergeht.
Wenn ich von Entwicklung spreche, meine ich natürlich all das, was mir in der Welt nicht passt und ich deshalb am liebsten ausschliessen würde. Es spielt dann keine Rolle, ob du Italiener, Schweizer oder Australier bist. Im Gegenteil, ich versuche, mich zu integrieren, ich tue all das, was Schweizer auch machen, denn ich möchte dieses Volk verstehen, mit ihm zusammen leben. Die meist-

en meiner Freunde sind Schweizer. Ich gebe meinen Beitrag, öffne meinen Koffer, lasse an meinem Leben teilhaben. Gewiss hätte ich kaum einen Beruf wählen können, der mich zwingt, um 5 Uhr morgens aufzustehen. Wenn ich von Maximum spreche, bedeutet dies auch, dass ich mir einen Beruf aussuchte, bei dem ich die Freiheit besitze, nach einem anderen Lebensrhythmus zu funktionieren. Ich kann mich jener Raserei, die zu bestimmten Tageszeiten am Hauptbahnhof Zürich herrscht, nicht anpassen; man wähnt sich geradezu im Film „Koyaanisqatsi": Menschen, die gehen, Menschen, die kommen, Treppen hoch, Treppen runter ...

Solche Äusserungen lassen auf ein gewisses Unbehagen schließen, mir scheint, als ob du geradezu hin- und hergerissen wärst zwischen einem Zürcher und einem Palermitaner Leben. Ist es nicht so, dass du jetzt nach einem Monat langsam von der Realität eingeholt wirst? Ich nehme an, der Eindruck der ersten zwei Wochen war auch Teil jener Projektion, die man bei einer Rückkehr oft hat: alles hat sich verändert. Plötzlich merkst du, dass vieles doch beim alten geblieben ist. Zudem bist du nicht der einzige, der zurückkehrt. Und viele dieser Veränderungen haben vielleicht nicht nur mit Falcones Tod zu tun, sondern auch mit den vielen Rückkehrern ...

..und mit einer generellen Umwandlung der Gesellschaft in Italien. Bei manchen Veränderungen muss man wohl noch einige Jahre abwarten, um zu sehen, ob es tatsächliche waren oder nicht. Im berühmten Roman „Gattopardo" von Tommaso di Lampedusa gibt es einen Schlüsselsatz: „Man muss alles verändern, damit es so bleibt, wie es war." Er spielt auf das an, was passierte, als auf Sizilien die Bourbonen durch die italienische Republik abgelöst wurden; die Aristokratie unterstützte umgehend den Wandel, damit sie ihren Status beibehalten konnte.

Mal sehen, ob es sich jetzt um einen wirklichen Sinneswandel handelt oder ob es nur leeres Geschwätz ist, Schall und Rauch. Aber etwas verändert sich schon hier auf Sizilien, das spüre ich. Die Rückkehr hat für mich jedenfalls vor allem gefühlsmässige Gründe; ich komme nicht zurück, weil ich besser leben möchte, sondern weil ich von hier stamme; im Grunde habe ich mich nie wirklich von hier trennen können.

Dein Ideal – fünf Monate oben arbeiten, fünf Monate da unten leben ...

Würde mir gefallen. Nicht zuletzt des Meeres wegen, das ist ein sehr wichtiger Aspekt. Du sprachst vorhin von der Poesie. Das Meer ist eben Quelle dieser poetischen Inspiration; das Meer kann dich beeindrucken, es kann dir Angst einflössen, es inspiriert dich, gibt dir eine Idee dessen, was danach kommt. Etwas Wunderschönes ...

Du hast „Il postino" gesehen ...

Genau, auf Sizilien wurde er gedreht, auf der Insel Salina. Ich bin kein Fan der kleinen Inseln. Ich war zwar auf Stromboli, Lipari, Pantelleria, Lampedusa. Auf der grossen Insel gefällt es mir besser; hier gibt es alles, Vulkane, Berge, du kannst den Raum spüren.

Hattest du nie das Gefühl, so etwas wie ein Botschafter zu sein? Nun, ja, Botschafter ist vielleicht das falsche Wort. Lucio Dalla antwortete unlängst auf die Bemerkung, sein Album „Canzoni" mache Konzessionen an den Publikumsgeschmack, er sei eben nur ein Kommunikator, einer, der mit seinen Liedern die Menschen einander näher bringen möchte. Wenn ich dich sehe, deine Begeisterung für die Rückkehr, für das Wiederauffinden deiner alten Umgebung – es lässt mich an jemanden denken, der auszog, das Gold zu finden, und jetzt zurückkommt, nicht gerade mit Gold überhäuft, aber allemal mit Reichtum ...

Verstehe. Das grosse Thema der Sizilianer war eben schon immer die Auswanderung; manchmal ging man auch nur weg, um gleich wieder zurückzukehren. Sizilien ist ein Terminal. Hier wird nur noch konsumiert; wer immer etwas produzieren wollte in diesem 20. Jahrhundert, der musste zwangsläufig auswandern. Und weil Sizilien so weit weg liegt, ist es nicht einmal eine Durchgangsstation. In Florenz magst du noch Halt machen, auf dem Weg zwischen Rom und Mailand; hier hingegen ist die Endstation des Zuges. Und so ist uns die Rolle des Emigranten von der Geschichte in die Wiege gelegt worden. Menschen, die wegziehen, um in der Fremde Erfahrungen zu sammeln. Und vielleicht auch Erfolge. Wie zum Beispiel jener Junge aus „Cinema Paradiso", der unbedingt Regisseur werden möchte. Und der Alte sagt ihm: „Zieh fort und komm ja nie wieder zurück, denn hier geschieht nichts, hier regt sich kein Blatt." Der Junge geht also und wird ein berühmter Regisseur; er kehrt erst 50 Jahre später zurück, um hier zu sterben. In dieser Person konzentriert sich die jüngste Geschichte Siziliens.

Denn fast immer kehren die Sizilianer zurück, auch dies ist ein unerklärliches Phänomen. 35, 40 Jahre lang arbeiten sie im Ausland, werden dann pensioniert, lassen ihre Söhne und Töchter in Effretikon, Fürstenfeldbruck oder St. Pölten zurück, sie aber kommen wieder hierher in ihre Provinz, in ihr Häuschen, das sie mit 40 Jahren Arbeit erstellt haben.
Und ich ein Botschafter? Und dann Botschafter wovon? Ich habe mich niemals irgendeinem Zweck geopfert; wenn überhaupt, dann war der Zweck immer nur der Weg, die Summe aller Erfahrungen, die ich unterwegs gesammelt habe. Und das Interessante daran ist, dass das Ziel, das ich mir jeweils gesteckt hatte, sich unterwegs immer wieder änderte, eben aufgrund dieser Erfahrungen. Aber so ergeht es wohl jedem Menschen in seinem Leben.

Wir sprachen schon von jener Befriedigung, die man empfinden mag, wenn man sich einem neuen Ort anpassen kann, ohne das Eigene aufgeben zu müssen. Aber wie du es eben sagst, das Ziel ist nie ganz klar definiert; mir war auch lange nicht bewusst, dass Zürich für mich eine Art Fluchtpunkt war, dass ich mich dorthin flüchtete, vor etwas, das mich zu erdrücken drohte. Und in diesem Sinne hatte ja wohl auch deine damalige Reise zu den Freunden in den Norden etwas von einer Flucht; weil du nicht mehr da unten bleiben wolltest ...

So klar ist das nicht. Was mich anzog, war in erster Linie die Neugier, die Neugier andere Menschen kennenzulernen. Ich habe immer schon das Abenteuer geliebt; ich hatte nie Angst davor, mein Leben umzuwälzen; ich stürze mich gerne in Sachen, ohne zu wissen, wie sie enden. Mich fasziniert die Idee, irgendwohin zu gehen, wo ich die Sprache nicht kenne, wo ich mir überlegen muss, wie ich mit den anderen kommunizieren kann – immer davon überzeugt, dass ein Faden existiert, der alle Menschen miteinander verbindet, dass es immer Wege gibt, unsere Koffer miteinander auszutauschen. Das war der Grund, der mich wegziehen liess. Aber ich hätte nie gedacht, von Palermo fern zu bleiben. Die Stadt Palermo war für mich alles, sie war Symbol des Kampfes, sie war ich selbst, ich hatte einen gefährlichen Grad der Identifikation mit ihr erreicht. Für mich war der Stolz eine Lebensnotwendigkeit geworden – der Stolz, sagen zu können: „Ich bin ein Palermitaner, Palermitaner in einer Scheissstadt, in der alle Widerlichkeiten der Welt passieren; aber ich bin von hier und ich habe Dinge gesehen, die es sonst nirgends gibt, Dinge, die niemand je gesehen hat, die niemand je gewusst hat, weil niemand sich je darum gekümmert hat, sie zu sehen, sie zu erfahren". Und in diesem Sinn empfand ich mich schon als etwas besonderes.

Also doch ein Botschafter ...

Ein Übermittler von Botschaften, vielleicht. Am Anfang stand jedoch immer das Abenteuer. Ich war weniger Intellektueller oder Forscher, es war etwas anderes, das mich antrieb. Hier ein Beispiel: Durch einen Zufall begann ich mich für die Entstehung und die Entwicklung der Stadt Palermo zu interessieren; die Stadt hat eine Geschichte von 3000 Jahren. Ein Onkel hatte mir erzählt, in der Altstadt existiere eine Geisterstrasse. Am nächsten Tag, ich erinnere mich, es war Weihnachten, rief ich meinen besten Freund an: „Gianni, komm, es gibt etwas, das wir uns sofort ansehen müssen. Am Freitag um punkt Mitternacht müssen wir dort sein ..." Kaum angekommen, entdeckte ich am Eingang der Strasse eine alte lateinische Inschrift – ich lernte damals in der Schule Latein und Altgriechisch. Es stand die ganze Geschichte der Strasse darauf geschrieben. Sie geht auf das 15. Jahrhundert zurück, als in Palermo die Inquisition herrschte. In dieser Strasse wurden unzählige Ungläubige hingerichtet und anschliessend in Massengräbern beerdigt. Die Strasse heisst sinnigerweise „Via delle anime decollate" – die Strasse der geköpften Seelen. Später wurde dort eine kleine Kirche errichtet, die denselben Namen bekam; hierher kamen alle Verwandten der Opfer zum Gebet. Noch heute suchen Leute am Freitag um Mitternacht diesen Ort auf und bitten die „anime decollate" um eine Gnade, um ein Wunder. Sie beten und warten auf irgendein Zeichen, dass eine Ratte aus einem Strassengraben schlüpft, oder was weiss ich. Zum Durchdrehen! Wenn du Freitagnacht hingehst, hast du wirklich eine Heidenangst, es ist ein sehr finsterer Ort. Und ich sage dir, wir wurden da von Polizeistreifen verfolgt, es passierten wirklich verrückte Sachen ...

II. Autostrada Punta Raisi - Palermo

Leitplanken, Bergflanken, Tunnels, Flachdächer, Hecken, Stauden – die Schnellstrasse schlängelt sich entlang der Küste, die Strecke der Ankünfte und Abflüge, die Piste der erstbesten Ausflüge auch, Palermo Ovest, vorbei an Vororten, düsteren, heiteren, versteckten, zersiedelten, in die Buchten rein, aus den Buchten raus. Zwei Doppelreihen Räderwerk mit 120 Stundenkilometern oder mehr, grosse Räder, kleine Räder, grosse Ängste, kleine Ängste. „Guarda la strada, Pippo, per favore!"
Auf der Rückfahrt dann bei Kilometer 12, Ausfahrt Capaci, plötzlich diese Unregelmässigkeit im vorbeiflitzenden Bild. Die Leitplanke gabelt sich nach oben, ist über mehrere Dutzend Meter doppelt geführt: Ein Flickwerk. Das Aluminium ist rosa übermalt. An den Tragpfosten hängen Blumensträusse – farblos, verwelkt. „Hier ist es passiert," sagt der Sänger. Keine Spuren davon an der Strasse selbst, der Belag ist durchgehend neu. Damals zeigten die Fotos ein Bild der Verwüstung, die ganze Strassenbreite ein Krater – keine Überlebenschance.
Dreihundert Meter weiter stadteinwärts das Gebäude, in dem die Bombe ferngezündet worden sein soll; ein verlassener Industriebau, Flachdach, geschlossene, sonnenzerschossene Lamellen. Am 23. Mai 1992. „Seither ist alles anders in Palermo" sagt der Sänger. Selbst das nagelneue Flughafengebäude da draussen in Punta Raisi, in den letzten Spachtelstrichen vor der Aufrichte, erinnert heute mit grossen Lettern daran: „Falcone-Borsellino", Palermos Flughafen, gewidmet den Helden der Wende. Staatsanwalt Giovanni Falcone, durch die Luft geschleudert von 500 Kilo Sprengstoff – seinen Kollegen Paolo Borsellino hatte es zwei Monate später in der Innenstadt getroffen. Die Bombenleger und ihre Drahtzieher sitzen unterdessen hinter Gittern. In den Gassen der Altstadt werden Freitag- und Samstagnacht Tische und Stühle herausgestellt, die Ängste sind verflogen. „Das Volk hatte genug", sagt der Sänger.
Und weiter flitzen die Hecken und Leitplanken vorbei. Langsam verschwindet links hinter uns die kleine flache Insel aus dem Blickwinkel: Isola delle Femmine. Vor Urzeiten wurden da die Bösewichtinnen der Stadt eingekerkert. Die Verbrecher von heute sitzen jetzt auf einer anderen Insel, tausend Kilometer weiter nördlich, ihre Strafe ab. Palermo, dir entgegen schaukeln wir, frohen Mutes dahinrasend über die Unebenheiten des Asphalts.

Pippo Pollina:
Anfang dieses Jahrhunderts fand Palermos Entwicklung vor allem im östlichen Teil statt. Aber eines Tages änderte sich alles; plötzlich wurden die Zonen im Westen aufgewertet; vom Stadion der Favorita weg über Mondello und Sferracavallo, die ganze Küste entlang, bis zur Punta Raisi hin. Das hatte die Entvölkerung des Ostteils der Stadt zur Folge, die Küste Richtung Messina verlor bedeutend an Wert. Der Grund war einfach: Die Mafiosi, die zu dieser Zeit an der Macht waren, kamen alle aus dem westlichen Teil Siziliens. So auch der grosse Mafiaboss Badalamenti; er stammte aus dem kleinen Dorf Cinisi, unweit vom heutigen Flughafen. Als der reumütige Mafioso Buscetta Jahre später seine Aussagen machte, erzählte er unter anderem, dass die Entscheidung, den Flughafen im Westen zu errichten, von eben diesem Badalamenti zusammen mit zwei anderen Bossen gefällt wurde. Alles entschieden sie, alles. Stell dir vor, dass sie 1943 sogar die Landung der Amerikaner in Sizilien organisierten.

Benedetto Vigne:
Die Ironie der Geschichte, dass die Alliierten der Mafia dankbar sein mussten ...

Die Mafia war gegen Mussolini; er war ein Diktator und ertrug keine anderen Mächte neben sich. Die Mafiosi wussten, dass sie unter demokratischen Verhältnissen mehr Chancen bekommen würden, ihre Macht auszudehnen. Den Alliierten zu helfen war quasi ein Tauschhandel. Im Auftrag der US-Regierung kontaktierte der amerkanische Mafioso Lucky Luciano die damaligen Bosse Gienco Russo und Calor Vizzini und fragte sie, wo sich die militärischen Schlupflöcher der sizilianischen Küste befänden. Und so konnten die Amerikaner am 8. Juli 1943 problemlos einmarschieren.

War deine Familie nie in Mafia-Geschichten verwickelt?

Mein Vater war zwar Jurist, beschäftigte sich aber nur mit zivilrechtlichen Sachen. Als Mensch kannst du jedoch sofort involviert sein, dazu muss man nicht den Beruf eines Anwalts ausüben; man muss nur eine Bar oder ein Geschäft eröffnen wollen. Die Stadt Palermo war nach Quartieren eingeteilt. Jedes Quartier war einer Mafia-Familie zugeordnet. Jede Familie hatte ihren Chef, sowie

einen Unter-Chef; es war quasi eine pyramidale Organisation. Jede Familie kontrollierte sämtliche Geschäfte in ihrem Quartier; die Inhaber mussten „pizzo", eine Art Miete oder Steuer bezahlen – im Klartext einfach ein Schutzgeld. Wer nicht zahlte, wurde bedroht. Nützte dies nichts, ging bald eine Bombe im Geschäft hoch. Die haben dir kurzerhand das Leben unmöglich gemacht.
In den Dörfern der Provinz war es ähnlich; jedes Dorf gehörte einer Mafiafamilie. Eine der Hochburgen der Mafia war das Dorf Corleone, rund 80 Kilometer südlich von Palermo gelegen. Die Familie der Corleonesi war seit 150 Jahren berüchtigt für ihre besondere Gewalttätigkeit. In jüngster Zeit organisierte sie einen regelrechten Krieg. Innerhalb der sizilianischen Mafia hatte nämlich bis Ende der Siebziger Jahre Frieden geherrscht; jede Familie hatte ihre Zuständigkeiten, jede Familie hatte ihre klaren Einkünfte. Aber dann beschlossen vier Corleonesi, unter ihnen der berüchtigte Totò Riina, die ganze Macht an sich zu reissen; sie versuchten, die Mafia auf der ganzen Insel zu beherrschen. Um das zu erreichen, zettelten sie unter den verschiedenen Mafiafamilien einen Krieg an, indem sie begannen, sie mit Gerüchten gegeneinander aufzuhetzen. Und sie gewannen diesen Krieg in der Tat: Zwischen 1979 und 1989 gab es in Palermo rund 5000 Tote, 500 Tote pro Jahr; allein ich wurde Zeuge von drei Morden. Es war wirklich ein Kriegszustand; in der Zeitung konntest du es jeden Tag lesen, die Titelseite führte Statistik: „Heute der Tote Nummer 220!" Unglaublich.

Du hast mit eigenen Augen drei Fälle gesehen ...?

Das war nichts Besonderes. In Palermo konnte zu dieser Zeit jedermann leicht in die Situation geraten, Zeuge eines Mordes zu werden. Mein Bruder fuhr einmal, wie wir jetzt, auf der Autobahn; da entdeckte er einen Wagen in leichter Querlage auf dem Pannenstreifen. Er dachte an einen Unfall, hielt an und wollte helfen. Auf dem Fahrersitz sass ein Mann – mit durchschossener Schläfe.

Ich möchte aber eine Geschichte hören, die du selbst erlebt hast ...

Nun gut, ich will dir von einem Erlebnis erzählen. Es war Mitte 1985. Ich war mit meinem Freund Wolfgang, einem Schweizer den ich hier in Palermo kennengelernt hatte, unterwegs in der Stadt.

Wir befanden uns in der Nähe des Hafens auf einer Terrasse, die aufs Meer ging; es war spätabends und dunkel – zu jener Zeit war die Stadt vielerorts unbeleuchtet. Parallel zur Terrasse führte ein schmaler, unbefestigter Schotterweg hinunter zum Strand. Plötzlich sahen wir ein Auto langsam diesen Weg runter rollen. Die Scheinwerfer waren aus. Im ersten Moment dachten wir: Das muss wohl ein Liebespaar sein. Obwohl es ein recht seltsamer Ort zum Schmusen war ... Genau auf unserer Höhe hielt das Auto an; ein Typ stieg aus, er schien sehr aufgeregt, er sah uns und rief uns zu, wir sollten sofort verschwinden. Mein Schweizer Freund, ahnungslos, lachte zurück: „Was soll das? Wir gehen hier, wann es uns passt." Der andere antwortete nicht, ging zum Auto zurück und holte einen Gegenstand aus dem Innern. Ich sagte zu meinem Freund: „Komm, wir hauen ab!" Er wehrte sich immer noch: „Warum sollen wir gehen? Spinnst du?" Ich packte ihn: „Halt die Klappe!", und während der Typ bereits den Aufgang zur Terrasse erreicht hatte, rannten wir Hals über Kopf davon und schafften es so, durch die Dunkelheit zu entkommen. Ich nahm an, dass er im Begriff war, eine „Lupara Bianca" vorzunehmen, eine spurenlose Beseitigung. Im Kofferraum des Wagens hatte er wohl eine Leiche, die er ins Meer werfen wollte, den Fischen zum Frass. Und wir hatten ihn gestört, wir hatten sein Gesicht gesehen. Wir waren Zeugen.

Es stimmt also, dass Palermo in diesen Jahren für Touristen gefährlich war. Ich habe ja selber erlebt, wie die Innenstadt abends menschenleer war; hatte dies offensichtlich mit der Mafia zu tun?

Sicher. Aber es ist nicht wahr, dass die Mafia eine Gefahr für die Touristen darstellte. Wovon hätten diese denn Angst haben sollen? Das einzige, was ihnen widerfahren konnte, war, das Pech zu haben, gleichzeitig mit Falcone auf der Autobahn unterwegs zu sein ...
Für die Palermitaner hingegen war es eine absurde Situation. Unter den Menschen hier herrschte ein grosses Misstrauen. Man wusste nie genau, wen man vor sich hatte. Das öffentliche Leben war total angespannt; diese mörderische Stimmung war derart spürbar, dass man ab einer bestimmten Tageszeit nicht mehr ausging. Deshalb existierte auch keine studentische Szene; es gab kaum einen Ort, wo sich die Intellektuellen treffen konnten. Schau mal, zu Beginn der 80er Jahre, da war ich knapp 20 Jahre alt und

dementsprechend engagiert – ideologisch, politisch und sozial. In ganz Palermo, dieser Millionenstadt Palermo, gab es nur einen einzigen Ort, wo unsereiner abends hingehen konnte, um sich zu treffen, zu diskutieren und zu musizieren. Das Lokal hiess Ouroboros, benannt nach einer mythischen Figur aus Kleinasien: ein Drache, der sich in den eigenen Schwanz beisst. Es lag in einem Kellergeschoss; hier hatte ich meine ersten Konzerte als Cantautore. Es waren nicht viele, die hierher kamen; immer dieselben Gesichter, bärtige Ex-68er, die früher noch – bis zu Aldo Moros Ermordung – mit den Brigate Rosse sympathisiert hatten und jetzt langsam in die Jahre gekommen waren. Ich war der Jüngste. Mädchen gab es nur wenige; Frauen gingen in der Regel abends nicht aus. Wir waren immer dasselbe Dutzend Männer, zusammengehalten von einer bestimmten politischen Vision. Im Endeffekt standen wir da wie Don Quijote gegen die Windmühlen.

Aus diesem Blickwinkel gesehen wart ihr wohl auch nicht besonders gefährlich oder bedrohlich für die Mafia?

Bis zu jenem Tag, als die Zeitung „I Siciliani" gegründet wurde. Das war 1983. Drei wichtige Dinge geschahen um diese Zeit. Seit 1979 musizierte ich nun schon mit Agricantus. Inzwischen hatten wir uns in eine Kooperative verwandelt, damit wir in der Öffentlichkeit organisierter und wirksamer auftreten konnten. 1983 begannen wir, an den Mittelschulen Seminare abzuhalten, die sich grosso modo um unsere Musik drehten; Agricantus pflegten zu jener Zeit die traditionellen Volkslieder Süditaliens. Aber dies war nur ein Vorwand. Einer von uns erklärte die Geschichte der Musik, zeigte die rhythmischen Unterschiede zwischen Tarantella, Tammurriata, Moresca. Ein anderer beschäftigte sich mit dem Aspekt der bäuerlichen Kultur Siziliens, ein dritter führte die technische Seite der traditionellen Instrumente vor. Und ich behandelte den politisch-geschichtlichen Teil. Ich hielt einen Diavortrag über die moderne Geschichte Siziliens, angefangen bei Garibaldis Ankunft 1860 bis hin zum heutigen Tag. Der letzte Teil des Seminars war ganz der Mafia gewidmet; es schloss mit einer Diskussion über die Mafia.

War dies nicht ziemlich blauäugig von Euch?

Es war wirklich naiv. Aber zu dieser Zeit, zu Beginn der 80er Jahre, sprach noch niemand von der Mafia. Buscetta, der famose Kronzeuge, hatte noch nicht ausgeplaudert; das Thema Mafia war ein Tabu. Als ich dann 1983 zu studieren begann, erlebten wir einen zusätzlichen Ansporn durch die Gründung der Zeitung „I Siciliani", geleitet vom Journalisten Giuseppe Fava in Catania. In Palermo verstanden wir sofort, dass dies eine andere Zeitung war; sie engagierte sich gegen die Mafia, recherchierte, nannte Namen, zeigte die Verbindungen zwischen Mafiosi und Politikern auf. In einer Gruppe von gleichgesinnten Mitstudenten – Agricantus, die sich nur für Musik interessierten, waren hier nicht mehr dabei – kontaktierten wir die Zeitung. Fava war froh, denn er suchte Leute, die ihm halfen, in Palermo eine Redaktion einzurichten, was für eine Antimafiazeitung unabdingbar war. Wir boten ihm unsere Hilfe an und erhielten als Gegenleistung die Möglichkeit, in der Zeitung eine monatliche Jugendbeilage unterzubringen und zu gestalten: „I Siciliani Giovani". Im Januar 1984 wurde Giuseppe Fava von der Mafia getötet; viele von uns waren eingeschüchtert, aber wir fuhren trotzdem fort, die Zeitung in Palermo zu vertreiben. Wir trugen sie in den Quartieren aus; einmal, nach der Verteilung in einem riskanten Stadtteil, kehrten wir zu unserem

Pippo (1.v.l.) und Agricantus

Auto zurück und fanden es total zerbeult vor. Das war eine klare Warnung: „Kommt nie wieder hierher!"

War Fava das einzige Mafiaopfer in deiner nächsten Umgebung?

Es gab noch zwei weitere Fälle, einer davon betraf einen sehr engen Freund, Sergio Onorato. Sergio wurde getötet, als ich schon ein Jahr in der Schweiz weilte, und man weiss bis heute nicht genau, aus welchem Grund. Er war in seinem Dorf sehr engagiert, das war auch bekannt, aber es ist unwahrscheinlich, dass dies für einen Mord genügte; vermutlich hatte er etwas gesehen, was er nicht hätte sehen dürfen. Jedenfalls wurde sein Leichnam erst nach einem Jahr gefunden; ich nehme an, dass seine Familie den Mafiaboss der Zone kontaktierte und diesen bat, wenigstens die Gnade zu erhalten, den Sohn beerdigen zu dürfen. Man fand das Skelett in den Bergen, versteckt unter einem Felsvorsprung. Das hat mich sehr getroffen. Den anderen Fall möchte ich nicht im Detail erzählen, weil ich Freunde von mir unnötig gefährden würde. Nur soviel: es handelte sich dabei um einen der ersten „pentiti", der ersten „Bereuer". Er sagte bereits 10 Jahre vor Buscetta aus, und seine Aussagen klangen damals so unglaubwürdig, dass die Polizeirichter den Mann kurzerhand in die Irrenanstalt steckten. Als man ihn 10 Jahre später entliess, wurde er nach zwei Tagen umgebracht. In diesem Zusammenhang erfuhr ich dann auch, dass einer meiner besten Freunde der Sohn eines Bosses war. Ich befand mich also, ohne es zu wissen, in permanenter Lebensgefahr.

Wir unternahmen bei „I Siciliani Giovani" schon sehr gefährliche Sachen. Unter anderem recherchierten wir in der Gemeindeverwaltung von Palermo. Wir hatten entdeckt, dass die Stadt im Gemeindewesen ganz sonderbare Wege ging: Statt die nötigen neuen Schulen oder Kinderhorte zu bauen, zog sie es vor, die öffentlichen Institutionen in private Gebäude einzumieten. Das wissenschaftliche Lyceum besuchte ich in einem alten privaten Palazzo, die Lektionen fanden in einem Wohnzimmer statt; es gab keine Turnhalle, nichts. Ganz Palermo schien auf diese Weise organisiert zu sein. Und so fragten wir uns, ob es da mit rechten Dingen zuging. Wir liessen uns bei der Handelskammer die Liste aller von der Gemeinde gemieteten Objekte aushändigen. Und in der Tat, diese Liste war enorm lang und die Mieten waren allesamt überdurchschnittlich hoch, bis zu fünfmal so hoch wie im Normalfall.

Hier verdiente also jemand auf kriminelle Weise mit. Ausserdem fiel uns auf, dass pro Name systematisch nur drei Objekte aufgeführt waren – mehr darf nämlich eine Privatperson in Palermo nicht an die Gemeinde vermieten. Wir führten unsere Untersuchungen weiter und entdeckten, dass hinter den wechselnden Namen vielfach dieselbe Gesellschaft steckte. Wir kamen also weit voran in dieser Sache – in den Büros der Verwaltungen gaben wir jeweils vor, wir kämen vom statistischen Amt. Als aber die Gegenfragen immer detaillierter wurden, wer wir seien, wie wir hiessen, merkten wir, dass man uns beobachtete. Ich stieg Hals über Kopf aus; bald darauf ging ich in die Schweiz.

Was passierte schliesslich mit der Untersuchung?

Die anderen Kollegen liessen sich ebenfalls einschüchtern; einer wanderte nach Barcelona aus, ein anderer nach Norditalien. Alles was wir entdeckt hatten, überliessen wir einem Lokalpolitiker der Democrazia Proletaria, einer kleinen Partei jener Tage; soviel ich weiss, hat er es nicht verwertet. Man konnte einfach nichts machen. Einiges davon ist später sukzessive publik geworden. Aber zu unserer Zeit war es purer Wahnsinn; wir waren jung, ungeschützt und total unerfahren. Doch wir liebten das Abenteuer, und abenteurlich war alles zu jener Zeit.

Hattest du selber auch konkrete, an dich persönlich gerichtete Drohungen erlebt?

Nein, nicht direkt. Es war mehr die Anhäufung vieler kleiner Zeichen, der allgemeine Zusammenhang. Wie die Geschichte mit dem zerbeulten Wagen. Oder anlässlich der Aufklärungstourneen mit Agricantus. Oft befanden sich unter den Schülern Kinder von Mafiosi. „Das ist gegen meinen Vater", „Die Mafia ist gerecht!". Ich musste mich ständig auf solche Reaktionen gefasst machen; es kam dann schon mal vor, dass nach unserem Konzert der grössere Bruder unten vor der Schule wartete, um mich am Kragen zu packen: „Was für Zeug erzählst du da rum?!" Aber Köpfe von toten Pferden fand ich nie vor der Haustüre, wenn du das meinst; die bekamen nur die Richter zugeschickt ...

Wie du es schon mal sagtest, man muss die Zeichen lesen können ...

Du bekommst sicher keinen Brief, der dir zwei Wochen im voraus deine Ermordung ankündigt. Aber sie geben dir die Möglichkeit zu verstehen, du musst es nur richtig interpretieren können. So war es jedenfalls damals; inzwischen hat sich vieles geändert, vieles. Zu jener Zeit wusstest du aber genau: „Wenn ich auf diese Weise fortfahre, kann ich auch gleich meinen Tod unterschreiben; wenn ich aber meine eigenen Wege gehe, lassen sie mich in Ruhe." Und du wusstest auch, dass die Mafia von überallher Schutz genoss, auf politischer Ebene hatte sie Andreotti und Craxi; sie hatte alle Staatsanwälte und Kassationsrichter auf ihrer Seite, sie hatte ihre Leute bei der Polizei. Überall. Du konntest nichts tun.

Du wurdest auch schon von der Polizei verfolgt, sagtest du vorhin ...

Sie hielten mich ein Dutzend mal an. Meistens waren es harmlose Übertretungen. Einmal waren wir zu fünft in einem Fiat 500 – einer zu viel. Wir wurden rausgewunken und durchsucht: „Habt ihr schon mal Probleme mit dem Gesetz gehabt?" Alle schüttelten den Kopf; nur ich meldete mich: „Ich schon. "Kleine Pause. „Ich studiere Jura.". Die Antwort kostete mich 75'000 Lire.
Das war zur Zeit meiner archäologischen Phase – neben Agricantus und „I Siciliani" der dritte wichtige Einschnitt jener Tage. Wir trafen uns zu viert, zu fünft spätabends, studierten Fachliteratur und begaben uns dann, ausgerüstet mit Taschenlampe und Werkzeug, in die Schutthaufen der historischen Altstadt. Es war ein aufregender Gedanke, dass hier mitten in Palermo irgendwo eine phönizische Mauer lag, 700 v.Chr. erbaut; wir mussten die Stelle unverzüglich aufsuchen. Um ein Uhr in der Nacht war aber Palermo eine Geisterstadt; wer um diese Zeit unterwegs war, musste entweder ein Mafioso oder ein Räuber sein. Oder es waren eben pazzi, Verrückte wie wir. Die Polizisten, die uns aufhielten, hatten meistens eine aggressive Haltung uns gegenüber, sie schlugen auf uns ein, durchsuchten uns; sie hielten uns wohl für Kriminelle ...

Also nicht, dass sie euch als Störenfriede des mafiösen Ausnahmezustandes, als Eindringlinge einstuften ...

Nein, die waren bestimmt nicht korrupt; sie waren ganz normale Bürger, Familienväter, immerhin hatte die Mafia schon einige aus ihren Reihen umgebracht; man spürte den Hass, es herrschte praktisch Kriegszustand. Wenn sie aber unsere Ausweise sahen, änderten

41

sie blitzartig ihr Verhalten: „Spinnt ihr eigentlich! Wisst ihr nicht, wie gefährlich es um diese Zeit ist. Das nächste Mal bekommt ihr einen Schuss in den Hintern ..." Einmal freilich musste ich zwei Tage lang im Gefängnis sitzen. Wir hatten an einem Gemäuer herumgemeisselt, das – was wir jedoch nicht wussten – zu einer Kaserne gehörte. Die Polizeistreife meinte wohl, wir wollten eine Bombe plazieren. Wir wurden in die Kaserne abgeführt; der Capo-Carabiniere befragte uns: „So, und jetzt raus mit der Wahrheit. Was habt ihr da gesucht?" Wir wiederholten das, was wir bereits der Streife erklärt hatten – wir würden archäologische Studien machen. „Wollt ihr mich auf den Arm nehmen?" Er behielt uns gleich zwei Nächte in Gewahrsam.

Das Attentat auf den Staatsanwalt Falcone brachte eine Wende, sagst du. Hat sich die Mafia-Situation gründlich geändert?

Der Boss Riina und einige weitere Hauptfiguren der Mafia sitzen hinter Gittern. Die Vernetzungen zur Politik und Wirtschaft konnten aufgedeckt und geahndet werden.
Inwiefern die Grundstrukturen der Mafia wirklich angetastet wurden, das wird sich erst in den nächsten Jahren herausstellen. Dass man am Abend in Palermo wieder auf die Strasse kann, ist immerhin schon mal eine erfreuliche Entwicklung ...

III. Segesta

„Mach deine Augen zu! Oder schau auf den Boden, unbedingt!". So tue er es mit allen Gästen, wenn er sie zum ersten Mal hierher führe, sagt der Sänger. Eingehakt steigen wir einen Treppenweg hinauf. Hastend. Der Tag ist schon angegraut. Unter den Füssen knirscht der Kies weg. Agaven huschen vorbei. „Nicht aufschauen!". Die Regel gilt auch nachdem das Hochplateau erreicht ist. Die Hand des Sängers greift den Unterarm des Begleiters, hält ihn fest umklammert, weist ihm einen Stehplatz zu: „Jetzt darfst du". Und siehe da: Das Grosse westsizilianische Panorama. Hügelketten, nahe Wellen, ferne Wellen, karges Land, abgewaschene Felsbänder, Dorfsilhouetten, weisse Flecken auf graugrünem Grund. Irgendwo da draussen liegt vielleicht sogar das Meer, eingelagert zwischen dem Grau des Himmels und der Unfarbe der Erde. „Hattest du auch schon mal den Traum mit den umgestülpten Perspektiven, in denen die Dörfer im Hintergrund grösser erscheinen als diejenigen im Vordergrund?" - „Schliess nochmals die Augen und dreh dich um 180 Grad! Hier hast du deinen Traum."
Der Anblick ist wie ein Donnerschlag. Sechs Säulen, wie aus dem Boden geschossen, gerade jetzt, gerade hier, zwei handbreit vor der Nase, jede mit einem Umfang so gross wie zehn ausgebreitete Männerarme. Den Blick steil nach oben gerichtet, eine grosse Nackenstarre hoch, wo die Säulen durch den Architrav miteinander verbunden sind, zeigt sich schweres Gemäuer, gesichert durch eine handvoll Eisenzwingen, darüber Fries und Giebel, intakt, einige Grasbüschel nur, die da und dort aus den Ritzen spriessen. Nach hinten ziehen sich links und rechts die Säulenfluchten, treffen auf die vierte, abschliessende Reihe – ein perfektes Tempelgeviert: Segesta. Nur das Dach scheint vergessen worden zu sein. Die linke Seite ist mit grünem Plastiknetz und Baugerüst eingekleidet. „Lavori in corso". Eine Baustelle. Seit 3000 Jahren verlassen. Nicht von den Griechen, nicht von den Phöniziern. „Es waren Elymer, ein Splittervolk der Trojaner," sagt der Sänger. Die Bücher schreiben nicht viel darüber. Die Säulen erzählen genug.
Das Amphitheater befindet sich auf der anderen Seite des Hügels. „Da würde ich gerne einmal auftreten," sagt der Sänger. Doch die Dämmerung kommt uns zuvor.

Benedetto Vigne:
Du kamst also oft mit deinen Freunden hierher ...

Pippo Pollina:
Wir kamen, ausgerüstet mit Gitarren und Schlafsäcken, wir sangen, diskutierten, übernachteten hier im Tempel.

Was für Lieder habt ihr gesungen?

Eigene Lieder; ich hatte angefangen, für Agricantus Lieder zu schreiben. Im Vordergrund standen jedoch südamerikanische Lieder, vor allem chilenische, von Victor Jara, von Violeta Parra, von der Gruppe Inti-illimani; diese Lieder vereinten unsere Leidenschaft für Musik und unser politisches Engagement. Hinzu kamen aber auch brasilianische Liedermacher, Toquinho, Vinicio de Moraes, Chico Buarque, Milton Nascimento. Und natürlich die französischen Chansonniers, Brel, Ferré ...

Was war mit den Italienern?

Weniger; man hörte Fabrizio De André, Francesco De Gregori, Francesco Guccini ...

Die „politischen", offensichtlich ...

Eine Zeitlang war ich grosser Fan von Luigi Tenco; Tenco hatte sich 1967 anlässlich des Festivals von San Remo umgebracht, aus Enttäuschung, dass sein Lied nicht bis ins Finale des Wettbewerbs kam. Luigi Tenco wurde dadurch zur Symbolfigur für die ganze Bewegung der Cantautori. Ich widmete ihm einmal ein Programm, das ich im Ouroboros präsentierte: „Tanto Tenco fa" – ein Wortspiel, das nicht übersetzt werden kann. Eine Weile konnte ich mich auch für härtere Rockmusik begeistern. Als ich 15 Jahre alt war, hörte ich Led Zeppelin; Jimmy Page spielte auf eine besondere Art Gitarre; aber im Grossen und Ganzen hatte die angelsächsische Musik keinen grossen Einfluss auf mich, geschweige denn die US-amerikanische. Ich hatte etwas gegen die Amis, denn sie hatten den chilenischen Staatsputsch 1973 organisiert; Coca Cola und die anderen Multinationalen hatten General Pinochet unterstützt ...

...und sie hatten, indirekt, Victor Jara, die Hände abgeschnitten, und ihn dann getötet.

Nun, über die Details seines Todes kursieren einige Legenden. Überliefert ist, dass Jara am 11. September, dem Tage des Putsches, ein Konzert an der technischen Universität von Santiago geben sollte; zusammen mit den Studenten wurde er zum Fussballstadion abgeführt und dort mit vielen anderen Tausenden lagermässig eingepfercht. Man nimmt an, dass er, um die Menge

Pippo als Jara

aufzumuntern, Lieder anzustimmen begann. Den Rest kann man sich vorstellen. Jaras Witwe Joan, die Engländerin war, konnte später erwirken, den Leichnam im Massengrab zu identifizieren; es fehlten ihm die Hände. Victor Jara gedieh in der Folge zu einer der wichtigsten Symbolfiguren des chilenischen Widerstandes, quasi ein musikalischer Bruder Che Guevaras. Es wären damals wohl noch andere Musiker umgebracht worden, wären sie im Lande gewesen; die Inti-Illimani kamen heil davon, weil sie sich zur Zeit des Putsches gerade auf Europatournee befanden.

Mein neuestes Album heisst im übrigen „Il giorno del falco", betitelt nach einem Lied, das ich Jara gewidmet habe. „Der Tag des Falken" ist die Bezeichnung für den Tag des Putsches. Das Stück endet mit einem Zitat aus Jaras Lied „Manifiesto", das schon Guccini zu singen pflegte: „No canto por tener buena voz, canto porque la guitara tiene sentido y razon"; „Ich singe nicht, weil ich eine schöne Stimme habe, ich singe weil die Gitarre Gefühl und Verstand hat."

Gefühl und Verstand – Musik und Politik. In euren Gesprächen, gab es da auch bestimmte Visionen?

Wir hatten Hoffnungen, aber sie hiessen Abreise, Flucht. In Sizilien konnte man nichts verändern, es gab keine Perspektiven. Ich gehörte ohnehin zu einer verlorenen Generation, der Generation der zwischen 1960 und 1965 Geborenen; wir waren zwar keine 68er mehr, gehörten aber noch nicht zur No-Future-Generation. Wir kannten noch keine Computerspiele. Wir fühlten uns abgeschnitten.

Aber ich erinnere mich vage, dass es damals, Ende der 70er Jahre, insbesondere auch in den italienischen Städten, diese speziellen Subkultur-Bewegungen gegeben hatte, die „indiani metropolitani", und die waren doch sehr spielerisch und kreativ.

In ganz Europa. Aber nicht auf Sizilien. Wie ich bereits sagte, die Mafia machte alle Arten von Zusammenkünften unmöglich. Solche Bewegungen entstehen ja erst, wenn sich Intellektuelle, Studenten und Arbeiter treffen können. Und jener, wenn man es so nennen will, politische Underground, der sich im Ouroboros traf, war lachhaft klein ...

Die Mafia ist auch der Grund, weshalb der italienische Terrorismus der siebziger Jahre auf Sizilien nicht Fuss fassen konnte, weder der linke noch der rechte. Es gab zwar zwei, drei prominente Mitglieder solcher rechtsextremer Gruppierungen wie „Ordine Nuovo" oder „Terza Posizione", die nachweislich aus Sizilien stammten, aber militant werden konnten sie nur im Norden des Landes. Dasselbe galt erst recht für die Brigate Rosse. Nach den Aussagen eines berühmten „pentito" wurde die Mafia zeitweilig von der Polizei begünstigt, weil sie von sich aus Informationen über verdächtige linke Treffen lieferte. Auf diese Weise soll einmal ein Trainingsfeld in einer abgelegenen Mulde ausserhalb Palermos aufgeflogen sein. Aber das waren alles marginale Erscheinungen. Ich erinnere mich, dass es an der Schule gelegentlich zu Schlägereien zwischen Anhängern rechter und linker Politgruppen kam. So auch, als bekannt wurde, dass die Brigate Rosse Aldo Moro, den Präsidenten der Democrazia Cristiana, entführt hatten. Aber das waren bloss Kindereien, das übliche Kräftemessen unter einer Handvoll Halbstarken.

In euren nächtlichen Diskussionen, gab es da ein konkretes Wissen, nanntet ihr die Dinge beim Namen?

Unter dem Aspekt des Gegners gewiss. Als ich bei „I Siciliani" arbeitete, wussten wir sehr wohl, dass unser Feind mit den sizilianischen Politikern verflochten war, mit diesen verschiedenen Lima, Ciancimino, Ignazio Salvo, alles Leute, die jetzt entweder hinter Gittern oder unter der Erde weilen. Wir wussten, dass sie die Fäden in der Hand hielten. Diese Leute waren zu allem bereit; töten bedeutete für sie ein Kinderspiel. Alles was wir tun konnten, war, uns hierher zu flüchten, sozusagen in die sizilianische Urgeschichte, in den Stolz, ein Sizilianer zu sein: „Cazzo, hier haben wir 3000 Jahre Geschichte, die könnt ihr nicht zerstören." Ihnen gehörte die Gegenwart, die Vergangenheit konnten sie uns jedoch nicht wegnehmen. Und wir wussten, dass für uns nur noch die Zukunft zählte. Im Grunde sprachen wir immer vom Abhauen.

Das heisst, dass die Auswanderung, die in deinem Falle später tatsächlich stattfand, hier schon als Ziel ausgesprochen wurde?

Klar. Auch weil sie in der ganzen sizilianischen Überlieferung wie ein Programm gegenwärtig ist: Man hat hier die Probleme stets durch die Auswanderung gelöst.

Aber es gab in unseren Gesprächen noch eine andere Dimension; bei Lampedusa heisst es einmal: „Man muss vor dem 20. Lebensjahr fortgehen, nachher kann man nicht mehr, weil man dann Sizilianer geworden ist." Wir fanden Gefallen daran, uns eine solche sprachliche Rhetorik zu eigen zu machen.

Du kamst oft mit Freunden hierher; um solche Gespräche zu führen, musstest du, in Anbetracht der damaligen Zustände, ihnen doch sehr nahe stehen, ein ausgesprochen starkes Vertrauen zu ihnen haben?

Wir waren eng befreundet, verbunden durch dieselben Interessen: die Begeisterung für die Musik, die Lust, die Welt zu verändern, die Liebe zu unserem Land. Und dann gab es noch eine andere Gemeinsamkeit: keiner von uns hatte eine Freundin, glaub ich. Wer hier eine Freundin hatte, der wurde sogleich in deren Familie eingebunden. Als ich zwanzig war, hatte ich eine zeitlang eine Freundin, die mir auch ideologisch sehr nahe stand. Bald wünschten jedoch ihre Eltern, dass meine Eltern sie besuchten. Ich war zu jung, um in solche Strukturen reinzurutschen; wir trennten uns.

Ein Mädchen zu haben hiess also nicht nur, einem gutbürgerlichen Leben sondern gleichzeitig auch sizilianischen Regeln zuzustimmen, die du nicht unbedingt gut fandest. Hattet ihr dann nicht eine Vision auch in dieser Hinsicht, zum Beispiel in Bezug auf eine Neuverteilung der Geschlechterrollen? Immerhin existierte im Norden seit den 70er Jahren eine wachsende Emanzipationsbewegung ...

Wir hatten da unsere eigenen Emanzipationsprobleme. Ich erinnere mich an eine Geschichte, die etwas komisch klingen mag. Es war einige Jahre zuvor, ich steckte mitten in der Pubertät. Das „Saturday Night Fever" war eben ausgebrochen und ich stellte schnell fest, wenn du ein Mädchen haben willst, musst du der Mode folgen: ich hätte mir eine Vespa kaufen, mich modisch kleiden, und wie John Travolta tanzen müssen. Ich sträubte mich dagegen und beschloss, einer anderen Welt anzugehören. Ich gründete den „club dei brutti", den Klub der Hässlichen. Die Mitglieder waren lauter unattraktive Leute, dicke, dünne, Brillenträger. Und allesamt hatten noch nie ein Mädchen gehabt – was auch die erste Aufnahmebedingung war. Wir versammelten uns einmal in der Woche und diskutierten über die Rolle der Ästhetik in unserer Gesellschaft; wir rebellierten gegen die von ihr aufdiktierten

Modelle. Und so zog ich es auch später vor, das Leben in einer freien, ungebundenen Art anzupacken. Als 21jähriger verliess ich das Elternhaus, um allein zu wohnen – ein Einzelfall in unserer Familie und im ganzen Bekanntenkreis. Auf Sizilien tut ein Mann das nur dann, wenn er heiratet.
Ich zog an einen wunderbaren Ort, in eine barocke Villa in der Nähe von Mondello; ihr Name war Villa Elena. Sie war voller Schäden aus dem 2. Weltkrieg und in ihrem Garten wuchsen hundertjährige Bäume. Das Haus gehörte Bekannten, ich konnte unentgeltlich darin wohnen. Ich richtete mir ein Zimmer ein, es gab eine Küche, ein Bad. Ich konnte Freunde zu mir einladen, die Villa Elena wurde zu einem Treffpunkt in Palermo; ich beherbergte Leute aus der ganzen Welt, aus Brasilien, Deutschland, aus der Türkei, aus der Schweiz, aus dem Zaire, aus Spanien, man wusste, dass es hier Platz gab, die Freunde der Freunde der Freunde kamen vorbei. Kurz, hier verbrachte ich die schönste Zeit meines Lebens. In einem Buchladen für wissenschaftliche Texte arbeitete ich zweimal in der Woche als Archivar, daneben gab ich Gitarrenunterricht, und ab und zu ein Konzert mit der Gruppe. Anderthalb Jahre dauerte dieser herrliche Zustand – bis zu dem Tag, als ich abreiste, im Herbst 1985.

Wie reagierten dann deine Eltern auf deinen Auszug? Wie reagierten sie überhaupt auf all deine Aktivitäten?

Ich hatte das Jurastudium angefangen – der Traum meines Vaters war, dass ich in seine Fussstapfen treten würde. Weil mich aber das andere weit mehr interessierte, gab ich das Studium nach vier Jahren auf; vielleicht eine Dummheit, denn es fehlte nicht viel bis zum Abschluss. Meinem Vater missfielen jedoch allein schon meine musikalischen Tätigkeiten. Lange Zeit sprachen wir nicht einmal miteinander, ein typischer Generationenkonflikt. Stell dir vor, mein erstes Konzert mit Agricantus hatte ich im August 1979, und seither absolvierte ich insgesamt an die 2000 Auftritte; meine Eltern haben bisher einen einzigen davon gesehen. Es war vor drei Jahren anlässlich eines Auftrittes im Dorf Castellamare; ich kam damals für eine Reihe von kleinen Festivals nach Sizilien zurück. Nein, Irrtum, das erste Mal, dass meine Eltern mich auf der Bühne erlebten, war, als sie für meine Hochzeit in die Schweiz kamen; am Tag nach der Trauung taufte ich mit meiner Band das Album „Le pietre di Montsegur", am 2. März 1993.

Und dein Vater hat deine Musik inzwischen akzeptiert?

Er hat gesehen, dass es eine ernste Sache ist, dass meine Familie davon leben kann. Und selbst wenn er keinen Zugang zu dieser Art von Kultur hat, hofft er insgeheim, dass ich nach Italien zurückkehre, dass ich hier Anerkennung finde. Der Erfolg im Ausland zählt für ihn nicht. Für ihn ist ein Artikel im „Giornale di Sicilia" wichtiger als 100 in der „New York Times".

Erzähl mir noch etwas von der Zeit mit Agricantus ...

Wir hatten im Jahre 1979 als eine Art Inti-illimani-Kopie angefangen, und bald hatten wir den entsprechenden Ruf auf der Insel, insbesondere bei den Politveranstaltern; wir wurden überall dort engagiert, wo man sich die Originale nicht leisten konnte. Wir waren die einzigen weit und breit, die diesen südamerikanischen Stil pflegten, und es war schon eigenartig, denn wir hatten keine Platten, keine Kassetten, wir waren jung, sehr jung, 17-18jährig, und wir spielten schlecht, ziemlich schlecht. Wir kamen in die abgelegensten Dörfer im Herzen Siziliens, man sah uns mit diesen eigentümlichen Instrumenten aufkreuzen, mit Charangos, Sikus, venezolanischen Cuatros und kolumbianischen Tiples ...

Ihr wart ziemlich exotische Vögel ...

Nicht nur das. Später, als wir uns den alten Liedern Siziliens zuwandten, fehlte manchmal nicht viel, und sie hätten uns Tomaten nachgeworfen. Es war eben keine leichte Musik, die Leute verstanden nicht, was wir da sangen.
Einmal traten wir in einem kleinen Ort namens Cerda auf. Das ganze Dorf war auf die Piazza gekommen, 3000 Leute, die ihre eigenen Klappstühle mitgebracht hatten, und alle sassen sie da und warteten gespannt. Wir spielten unser erstes Lied – kein Applaus. Ich dachte, das sei vielleicht normal in diesem Dorf, und setzte zum zweiten Lied an – immer noch kein Applaus. Selbst nach dem dritten Stück regte sich nichts, und so weiter. In der Pause kam der Sindaco, der Gemeindepräsident, auf die Bühne und begann, all jenen zu danken, die zur Realisierung dieses Festes beigetragen hatten. Also dankte er der Frau Soundso für die 1000 Lire und der Frau Soundso für die 2000, und es folgte eine unendlich lange Liste aller Spender und Spenderinnen. Als diese Danksagung endlich

vorbei war, kündigte der Sindaco die Verlosung des Hauptpreises an, ein Fahrrad. Kaum hatte das Fahrrad seinen Gewinner gefunden, sagte er: „Bene. Und nun wird die Gruppe Agricantus mit ihrem Konzert fortfahren." Und die 3000 Leute standen gleichzeitig auf, klappten ihre Stühle zusammen und gingen wieder nach Hause.

Ein anderes Mal waren wir zur Einweihung eines Theaters in der Provinz Agrigento engagiert worden; wir kamen auf die Bühne, das Theater war voll, die Scheinwerfer gingen an. Sie waren so stark, dass wir niemanden mehr sehen konnten, nicht einmal die erste Reihe. Wir begannen zu spielen, und wir spielten und spielten und spielten, und als am Schluss die Lichter wieder ausgingen, sass keine Menschenseele mehr im Saal. Wir waren wirklich ein Haufen Idealisten.

Aber ihr hattet wohl auch positivere Erlebnisse ...

Bestimmt. Mit Agricantus hatte ich die Gelegenheit, die Insel ausgiebig zu bereisen; und damals, unterwegs durch all die schönen Landschaften, geschah es, dass ich mich in Sizilien verliebte. Um diese Zeit, 1980/81, hatte ich auch das Privileg, zweimal am Festival der sizilianischen Volksmusik teilzunehmen. Hier lernte ich die bekanntesten Gruppen und Solisten der Insel kennen, allesamt ältere Leute – die Sängerin Rosa Balistreri etwa, oder den Geschichtenerzähler Ciccio Busacca, der einst von Dorf zu Dorf reiste, ausgerüstet mit grossen Farbtafeln, die seine gesungenen Geschichten illustrierten; beide sind inzwischen gestorben. In den 70er Jahren waren die Volkslieder sehr en vogue, „La tammuriata nera" der Nuova Compagnia di Canto Popolare wurde an allen Stränden gesungen. Anfangs der 80er begann das Interesse zu schwinden; ausgerechnet dann liessen Agricantus die südamerikanische Folklore fallen, um sich der sizilianischen Musik zuzuwenden. Wir sangen im Idiom der Insel; ich begann eigene Lieder zu schreiben. Kurz, wir waren eine sehr pionierhafte Gruppe. Ich besuchte zu dieser Zeit das wissenschaftliche Lyzeum, war aber oft unterwegs. Man tolerierte meine Absenzen; ich galt als derjenige, der musizierte. Zudem studierte ich klassische Gitarre an einer Musikakademie in Palermo. Zwei Jahre lang spielte ich übrigens auch in einem Theater mit; im Jahre 1983 spielte ich in einem Stück über Victor Jara die Hauptrolle; ich war als Sänger und Gitarrist für diese Rolle prädestiniert. Das Stück wurde in einem der grössten

Theater der Stadt aufgeführt. Allerdings kapierte ich sofort, dass dies nicht meine Welt sein konnte. Schauspieler wecken nicht mein Interesse; sie tendieren dazu, auch im Leben zu schauspielern, sie sind Rhetoriker, ihre Reden redundant. Die Aussicht, so zu werden, liess mich diese Karriere schnell beenden.

Deine Karriere bei Agricantus dauerte aber nicht wesentlich länger. Immerhin hattest du ja diese Gruppe mitbegründet, die heute dank Experimenten in Techno und Ethno zu einer angesehenen italienischen Folkrockband avanciert ist ...

Es gab persönliche, aber vor allem musikalische Probleme. Sie wollten sich mehr in Richtung Jazz entwickeln. Ich habe eher eine zwiespältige Beziehung zum Jazz; es ist mir zu intellektuell, mi fa muovere il piede, ma non mi fa muovere il cuore; es bewegt meinen Fuss, aber nicht mein Herz.
Mein letztes Konzert mit Agricantus fand im September 1985 statt; einen Monat später, am 15. Oktober, stieg ich in den Zug, Richtung Norden. Ich hatte vor, nur einige Wochen wegzubleiben. Ich glaube, viele meiner damaligen Freunde spürten jedoch, dass ich von dieser Reise möglicherweise nicht so schnell zurückkommen würde; über ein Dutzend Leute waren an den Bahnhof gekommen, um sich von mir zu verabschieden. Unter ihnen befand sich auch Wolfgang, ein Schweizer, der in Palermo ein Volontariat als Sozialarbeiter absolvierte; ich hatte ihn ein halbes Jahr vorher in der Villa Elena kennengelernt. Ich erwähne ihn, weil es in diesem Zusammenhang eine amüsante Anekdote gibt. Er hatte vorher in einem Alternativzentrum in der Nähe von Zürich Konzerte veranstaltet, und so fragte ich ihn im Vorfeld meiner Abreise, ob er für mich irgendwelche Auftrittsgelegenheiten in der Schweiz wüsste. „Vergiss es!" antwortete er; die Szene sei überlastet, es gäbe tausend Bands, und da ich keine Kassetten, keine Werbeunterlagen besässe, hätte ich ohnehin keine Chance. Ich liess jedoch nicht locker, und so lud er mich eines Tages zu sich nach Hause ein, faltete eine Schweizer Landkarte auf dem Küchentisch auf und begann zu erklären: „Hier ist Luzern, hier gibt es den ‚Widder', da könntest du spielen, und hier ist Stäfa mit dem ‚Rössli', ich gebe dir einen Empfehlungsbrief mit, den kannst du dort meinem Nachfolger zeigen." Kurz, er zeichnete mir den ganzen Alternativ-Circuit auf der Schweizer Karte nach. Meine Reise nahm dann aber einen ganz anderen Verlauf, ich spielte nicht an diesen Orten,

jedenfalls nicht in den ersten Jahren. Den besagten Brief hatte ich nie abgeliefert, ich hatte ihn schlicht vergessen. Vor ungefähr fünf Jahren, beim Durchwühlen alter Fotos, kam der Brief plötzlich wieder zum Vorschein. Mittlerweile hatte ich ein wenig Deutsch gelernt. Und so konnte ich da lesen, wie Wolfgang mich damals empfohlen hatte. Es lautete, dem Sinn nach, ungefähr so: „Pippo ist ein tüchtiger Junge, ein Idealist; seid bitte nicht zu unhöflich zu ihm; sagt ihm halt, dass ihr eben schon ausgebucht seid. Er wird es verstehen und nach Sizilien zurückkehren. Und nochmals, seid bitte nicht zu grob zu ihm ..."

IV. Monte Pellegrino

„*Se il genio di Goethe potesse tornare su questa roccia, benedirebbe a l'opera di coloro che per il viaggiatore hanno creato un luogo di dolcissima sosta, e a la città un ameno rione cui arrivano in lucente armonia le bellezze del monte e del mare, al piu bel promontorio del mondo.*"
Die Steinplatte ist unter ihrer Inschrift noch nicht dahingeschmolzen. Der Höhenweg des Promontorio ist ausgewaschen, Baumwurzeln und faustdicke Steine erschweren den Gang. Da und dort ausgetrockneter Kuhmist. Der Pfad führt uns hinunter in das Becken einer kleinen Hochebene, schlanke, lichte Pinien rundherum, sattgrün das höhere Kraut und Blattwerk. Durch die kleine Mulde bimmelt hell das Echo einer Kuhglocke. Und hinter den Vorsprüngen und Findlingen lugt unvermittelt ein Horn, ein Hals, ein Hintern, ein hellbrauner Schatten hervor, starr, unbeweglich inmitten dieses milden sizilianischen Herbstes. So viel Schweiz, 300 Meter über Palermo. Dann plötzlich ein Abgrund. Ginsterbusch, Farnkraut, Nesselblatt, Felsennase, und dann nichts mehr: Hinsitzen und an Goethe denken. Wie es hier wohl damals ausgeschaut haben mag ... Heute ist die Sicht getrübt, in der Luft liegt Dunst. Darunter die grosse palermitanische Mulde, die Conca d'Oro, gefüllt mit den Bauklötzen der Zivilisation: Die schweren, klarförmigen im mittleren Feld rund um die Piazza Vittorio Veneto, die von hier aus an die Mosaikrosette eines barocken Kirchenbodens erinnert. Die älteren, verwischten des Centro Storico halb links, hinter dem grünen Streifen, wo die Piazza Ruggero Settimo und das Politeama liegen. Ganz links, schwach und gelb, die Silhouetten der Kranhälse, an den Becken des neuen Hafens. „Hier herauf bin ich des öfteren gekommen, meistens mit meinem Freund Gianni. Immer dann, wenn es in der Stadt nicht mehr auszuhalten war. Manchmal fuhren wir auch herauf, um uns ein Fussballspiel anzuschauen, mit dem Feldstecher", sagt der Sänger. Das Stadion Favorita liegt uns zu Füssen. Rechts erstreckt sich der lange Favoritapark, der direkteste Weg nach Mondello. Auf seinen Ausstellplätzen warten Madonnas und Madonninos, hochhackig, kürzestberockt, in allen Haut- und Kleiderfarben. Eben vorhin auf der Herfahrt gesehen.
„Den Heimweg nehmen wir dann über den Monte Pellegrino. Oben, bei der Grotte der Santa Rosalia, wollen wir einen Kaffee trinken", sagt der Sänger.

Pippo Pollina:
Die Alpen! Es war im Dezember 1990. Ich hatte einen Auftritt in Chur, in der Hauptstadt des Kantons Graubünden. Um die Spesen niederzuhalten, hatte ich das Angebot angenommen, im Haus meiner damaligen Freundin zu übernachten, die aus dem Engadin stammte. Also mussten wir, meine Freundin, mein Bruder Massimo und ich, nach dem Konzert eine lange Autofahrt über den Julierpass in Angriff nehmen, ungefähr 100 Kilometer. Es hatte frisch geschneit und es war bitterkalt. Je höher wir den Pass hinaufkletterten, desto glatter wurde die Fahrbahn. Die Räder drehten immer mehr durch – da entdeckte ich, dass der Wagen versehentlich immer noch mit Sommerreifen fuhr. Wir blieben schliesslich stecken. Ich musste Massimo, der auf dem Hintersitz schlief, wecken; er hatte sein Leben lang noch nie soviel Schnee gesehen. Mit Mühe und Not drehten wir den Wagen und fuhren wieder talwärts. Bei der ersten Kurve landeten wir im Strassengraben. Wir mussten nochmals anpacken. Es hatte zum Glück nur ein paar Beulen gegeben; aber die Arretierung des Auspuffs hatte sich gelöst, der Schalldämpfer streifte den Boden. So konnten wir unmöglich weiterfahren. Da hatte ich eine Idee; ich nahm das lange Elektrokabel der Gitarre, band damit den Auspuff hoch, zog die Kabelenden beiderseits aussen am Wagen hoch und knüpfte sie über dem Dach zusammen. Und da fuhren wir also durch die bitterkalte Winternacht, zugeschnürt wie ein vorweihnachtliches Geschenkpaket ... Wir mussten wohl einen seltsamen Eindruck machen, denn in keinem der Hotels an der Strecke wollte man uns um diese späte Zeit Unterkunft gewähren. Morgens um sieben waren wir wieder am Ausgangspunkt angekommen ...

Benedetto Vigne:
Beginnen wir doch von vorne: Wie kamst du in die Schweiz?

Ursprünglich wollte ich nach Wien, wo meine Freunde von Alcantara im Herbst 1985 weilten. Im letzten Augenblick erfuhr ich, dass sie Österreich verlassen hatten, und nach Luzern weitergereist waren. Also änderte ich mein Ziel. Kaum in Luzern angekommen, stellte ich mich in die Fussgängerzone und begann zu spielen; ich hatte ja keine Lira mehr in der Tasche. Mein Repertoire war äusserst seltsam, Gino Paoli, Luigi Tenco, Ricky Gianco, alles Lieder aus den italienischen Sixties. In einer Stunde hatte ich bereits 68 Franken beisammen, und da erfasste ich augenblicklich das Potential der Strassenmusik. Zwei Wochen lang spielte ich noch mit meinen Freunden in der Alcantara-Gruppe, dann trennte ich mich von ihnen und begann als Strassenmusiker durch Europa zu reisen. Unterwegs lernte ich einen argentinischen Musiker kennen, Hugo Viggiano. Wir schlossen uns zum Duo zusammen und konzipierten ein gemeinsames Programm; er steuerte Lieder aus seiner Heimat bei, aus dem Repertoire von Mercedes Sosa oder von den argentinischen Rockstars Charly Garcia, Leon Gieco, Spinetta. Ich brachte italienische Volkslieder mit ein, das ganze nannten wir „Da Palermo a Buenos Aires."

Es war bestimmt eine abenteuerliche Zeit ...

Im doppelten Sinn. Als Strassenmusiker weisst du nie, wo du heute landen wirst, ob es regnen wird oder ob die Sonne scheint, ob du heute essen wirst oder nicht. Ich wandte stets dieselbe Taktik an, fragte zwischen den Liedern beiläufig: „Wer weiss mir einen Schlafplatz?" Einmal kamen wir, mein Freund Gianni und ich, abends um 21 Uhr in Stuttgart an, wir hatten keine Mark mehr im Sack. Eine ältere Frau meldete sich, bot uns Herberge und Essen an – zu einer Bedingung allerdings. Sie führte eine Art Jugendfarm ausserhalb der Stadt. Zwei Wochen verbrachten wir hier zusammen mit Jungen und Mädchen aus aller Welt; als Gegenleistung mussten wir tagsüber nach den Pferden schauen und abends etwas Musik machen. Ein richtiges Ferienlager.
In der Regel jedoch ist das Leben eines Strassenmusikers hart. England war das härteste Pflaster; in London gab es nur zwei erlaubte Standplätze. Die Musiker standen regelrecht Schlange. Nachdem ich beim Anstehen mehrmals unsanft überholt wurde, stellte ich mit Erstaunen fest, dass es ein Einschreibebüro gab. Es war jedoch hoffnungslos: Die Listen waren schon seit Monaten ausgebucht. Also beschloss ich zu spielen, wo immer ich gerade wollte. Kam ein Polizist vorbei, wies er mich freundlicherweise weg. Die Londoner Polizei war stets höflich und korrekt. Ganz anders in Zürich. Da kreuzten sie kommandomässig in Zivil auf, führten dich ab zur Hauptwache und kassierten horrende Bussen. 1000 Franken habe ich einmal liegengelassen, das heisst, ich musste die Gitarre als Pfand geben, denn ich hatte gar nicht soviel Geld. Aber wenn du schon von Abenteuer sprichst: Eine ganz seltsame Geschichte erlebte ich einmal in Amsterdam. Dort sprach mich ein

Mann mittleren Alters an, er konnte etwas Italienisch, war sehr sympathisch. Er bot mir an, in seinem Haus zu übernachten. Es war ein wunderschönes Haus, eine Art Pfahlbau mitten in den Grachten. Ich durfte im Salon schlafen; vor dem Fenster konnte ich die Schiffe vorbeifahren sehen. Mitten in der Nacht erwachte ich; mein Gastgeber stand vor mir. Er wollte unbedingt mit mir sprechen, er müsse mir etwas gestehen. Zehn Jahre früher hätte er jemanden umgebracht, nicht vorsätzlich, und dass dieser Totschlag nie aufgeklärt worden sei. Er hätte es noch keinem Menschen je gebeichtet, aber er möchte sich endlich einmal von dieser Last befreien. Ich antwortete nicht, hörte ihm zu, aber bei mir dachte ich: „Mamma mia, wer kann hier noch ruhig schlafen!". Um sieben stand ich auf, nahm Koffer und Schlafsack und verschwand.

Die Strassenmusik ist eine sehr strenge Schule. Ich hab alles mögliche erlebt, Rassisten und Neonazis, Verrückte aller Couleurs. Mir drückte einmal am Zürcher Hauptbahnhof eine Frau weinend 500 Franken in die Hand, „Kannst du denn deine Miete zahlen?", und bestand darauf, dass ich das Geld behielt. Wer weiss, vielleicht erinnerte ich sie an ihren Sohn. Einmal, auf dem Platz vor dem Restaurant „Franziskaner" in Zürich, begoss mich eine Meute Skinheads mit 10 Eimern Wasser; drei von ihnen hielten mich fest, der vierte schüttete das Wasser über mich. Und ich fragte ihn, ganz ruhig: „Ma stronzo, warum tust du das?", und er antwortete, auf englisch, stell dir vor, auf englisch: „I feel so". Als ob ihn Gott dazu angehalten hätte. Nun ja, die Strasse ist eine Lebensschule. Vielleicht bleibe ich deshalb gewissen Attitüden gegenüber heute relativ cool und nüchtern. Ich habe schon eine ganze Stunde gespielt und es hat niemand angehalten, weil es zu kalt war, und doch musste ich spielen, weil die 10 Franken für die Heizkohle fehlten. Gewiss befand ich mich in einer privilegierten Position, ich konnte jederzeit den Koffer packen und wieder nach Hause zurückreisen, nach Palermo.

Wie schafftest du den Sprung von der Strasse wieder zurück zur Konzertbühne?

Das war eine lange Entwicklung. Am Anfang stand eine wichtige Begegnung, die im März 1986 in Luzern stattfand. Ich spielte einmal mehr vor dem Migros-Laden, da kam dieser stämmige, bärtige Mann mit voller Einkaufstasche heraus und trat an mich heran. Er stellte sich vor, er sei auch Liedermacher. Sein Name war Linard

Bardill. Ich lud ihn zu einem Teller Spaghetti zu mir nach Hause, ich wohnte damals in einem WG-Zimmer in der Altstadt. Er zeigte mir seine Kassette „Cul asen pel muond aint", erklärte mir das Rätoromanische – ich hatte keine Ahnung von dieser Minderheitensprache und der damit verbundenen Problematik. Sogleich bekundete Linard Interesse, von mir begleitet zu werden. Er lud mich ein, auf seiner nächsten Platte mitzuspielen. Im Oktober 1986 gingen wir ins Radiostudio Zürich und zeichneten Lieder wie „I nu passaran" und „Grasch'ed urugal" auf, lauter Zeugs, das ich gar nicht verstand. Im Dezember fing die Tournee an, 50 Konzerte, ich spielte die zweite Gitarre, und er liess mich jeweils drei, vier eigene Lieder einbringen. Linard war auch derjenige, der mir sagte: „Pippo, du musst dich besser organisieren. Du musst effizienter arbeiten. Wenn du mit mir auf Tournee kommst, sorge doch dafür, dass du eine Kassette dabei hast." Und ohne mich zu fragen, buchte er ein Aufnahmestudio in Luzern.

Um die Aufnahmen zu finanzieren, spielte ich vorher noch drei Wochen auf der Strasse; am Schluss hatte ich 5000 Franken beieinander, genug um vier Studiotage bezahlen zu können. Ich spielte beinahe alles selber: Klavier, elektronisches Schlagzeug, ich arrangierte die Stücke, zwei Freundinnen steuerten Flöte und Violoncello bei; und dann gab es noch eine weitere Bekannte, Rosy Wiederkehr; sie sang ein Lied im Duett mit mir; heute ist sie Sängerin bei Agricantus. Jetzt hatte ich meine erste Kassette: „Aspettando che sia mattino".

Unterwegs mit Linard Bardill be-merkte ich dann, wie die Sache ins Rollen kam. Die Leute kauften massenweise die Kassette; innerhalb von zwei Jahren verkaufte ich 4000 Stück. Linard hatte recht gehabt; wenn ich mich professioneller organisierte, könnte daraus wirklich etwas Ernsthaftes entstehen. Das war also der Anfang.

Bevor dich Linard „aufklärte", war für dich diese professionelle Seite offensichtlich etwas Fernes, Ungreifbares ...

Genau. Musik war für mich bis dahin lediglich ein Ausdrucksmittel. Zwar konnte ich dank ihr mein Leben finanzieren; im Vordergrund standen jedoch immer noch die Reisen, die neuen Erfahrungen, die neuen Bekanntschaften, die Rückfahrten nach Palermo – anfänglich zog es mich alle drei Monate nach Hause zurück. Es war dieser stete Austausch da, ich brachte Freunde nach Sizilien, ich brachte Freunde in die Schweiz zurück, es entstanden neue Freundschaften, du glaubst nicht, wieviel sizilianisch-schweizerische Pärchen in dieser Zeit enstanden sind ... Nein, die professionelle Seite entwickelte sich erst später; mit den Jahren bemerkte ich, dass die Strassenmusik auch im Wandel begriffen war. Du gingst eines Tages nicht mehr spontan hin, um den Koffer zu öffnen und drauflos zu spielen; du musstest jetzt um fünf Uhr morgens aufstehen, um deinen Platz zu besetzen, sonst war die Konkurrenz schon da, fünf-, sechsköpfige Bands aus den USA; mit ihren Verstärkern und Riesenshows spielten sie dich samt deinem Gitärrchen glatt an die Wand. Und sie waren arrogant: „How long do you want to play?"; das war alles, was sie zu dir sagten. Da leuchtete es mir zum ersten Mal ein, dass Musik auch ein Machtmittel sein konnte. Dass damit das grosse Geld zu machen war. Es gab dieses Phänomen, dass ganze Legionen südamerikanischer Gruppen die Städte zu besetzen begannen; eine regelrechte Explosion andinischer Musik in den Strassen Europas, Gruppen aus Peru, Bolivien, Ecuador und Chile an jeder Ecke. Eine Art Mafia steckte dahinter; man organisierte Tickets und die nötigen Visa, versprach den Musikern Reichtum in Europa, und zapfte ihnen als Gegenleistung horrende Summen ab. Einmal angekommen, war es eine Katastrophe für sie, denn mittlerweile hatte man hier die Nase voll von den Flöten und Charangos. Heute hält kein Schwein mehr an, die Musiker können noch so gut sein, man wirft ihnen die Geldstücke im Vorbeieilen zu. Wenn überhaupt.

Schweigegeld, sozusagen ...

Diese Wirklichkeit bereitete mir jedenfalls immer mehr Probleme. Konzerte und Kassettenverkäufe halfen zwar mit, meine finanzielle Situation zu sichern, aber daneben musste ich immer wieder auf andere Einkünfte ausweichen, Privatfeste, Firmenjubiläen, seltsame Anlässe. Ich habe für ganz grosse schweizerische oder deutsche Industrielle gespielt, ohne dass ich es vorher wusste; jemand hatte mich einmal von der Strasse weg engagiert, und dann stellte sich heraus, dass ich beim Hausfest des Ringier-Verlages auftrat, jenes Verlages, der den „Blick", das schweizerische Pendant zur „Bild"-Zeitung, herausbringt.
Es kam für mich eine schwierige Zeit, die eben auch mit meiner Herkunft zusammenhing: Ich wusste nicht was anstellen, um auf eine professionelle, glaubwürdige Art in der Schweizer Musikszene Fuss zu fassen. Und wieder kam mir Linard Bardill zu Hilfe.

Unsere Wege hatten sich nach unserer gemeinsamen Tournee getrennt, er hatte einige Kleinkunstpreise gewonnen und zog sein eigenes Ding durch. Eines Tages kam ein Anruf. Ich traute meinen Ohren nicht: Er teilte mir mit, das deutschschweizer Radio wolle mir einen Förderpreis in Form einer unentgeltlichen Plattenaufnahme verleihen. Und so enstand mein erstes eigentliches Album, „Sulle orme del Re Minosse", meine erste professionelle Produktion, gespielt von Berufsmusikern. Es war bestimmt kein Meisterwurf, unreif, vielleicht auch etwas seltsam, was den Inhalt betrifft. Aber immerhin schien meine Situation jetzt deblockiert. Zudem hatte ich einen Vertrieb gefunden, den Zytglogge-Verlag in Bern. Das Album wurde überhaupt nicht verstanden; es hat sich auch bisher am wenigsten verkauft. Hinzu kam eine neue Diskrepanz. Ich ging nun auf Tournee, im Duo mit dem Bassisten Stefano Neri; wir klapperten nacheinander die Schweizer Kleinbühnen ab, lauter Orte, an denen diese Art von Musik nicht oft gespielt wurde; wir traten quasi unplugged auf, und ich zeigte dazu meine alte Dia-Show. Auf dem Album hingegen hörte man ein vollelektrisches Abenteuer mit Synthesizern, Schlagzeug, Soulchören. Diese Inkohärenz zwischen Konzert und Tonträger machte mir wirklich zu schaffen ...

Pippo und Linard Bardill

Solche Widersprüche sind allgegenwärtig in der aktuellen Musik. Du wirst immer wieder Alben produzieren, die nicht ganz dem entsprechen, was du auf der Bühne zu spielen imstande bist.

Das alles kannte ich nicht, ich war ahnungslos, ich hatte keinen Manager, keine Plattenfirma, niemand, der mich hätte leiten oder in solchen Dingen aufklären können; ich war sehr naiv und idealistisch, kümmerte mich mehr um den direkten Kontakt mit dem Publikum, als um irgendwelche Fragen des Images. Mir gefiel die Pop- und Rockmusik, ich wünschte mir mehr Schlagzeug, komplexere Arrangements in meinen Liedern. Aber eigentlich fehlte mir auch dazu jegliche Erfahrung.

Du befandest dich also in einer andauernden Krise?

In der Zwischenzeit versuchte ich in Italien vorzuspielen. Ich suchte die grossen Plattenkonzerne auf, war bei der damaligen CBS, bei EMI, bei WEA, und es waren Szenen einer ungeheuren Armseligkeit, eine Katastrophe. Der Repertoire-Managerin der EMI in Mailand zeigte ich „Sulle orme del Re Minosse".
Sie legte die Platte auf den Teller, spielte das erste Stück an, „Radio Guevara", ta ta ta ta, zehn Sekunden, wechselte zum nächsten Track, zehn Sekunden hier, zwanzig Sekunden dort – „Interessiert mich nicht, arrivederci", ohne ein weiteres Wort zu verschwenden. Zehn Sekunden, um festzustellen, ob die Sache sie interessierte. Ein anderes Mal, bei der WEA, empfing mich der zuständige Produzent mit den Worten: „Junger Mann, wissen Sie denn nicht, dass wir uns im Jahre 1988 befinden; den Mädchen gefallen heutzutage Burschen mit kurzen Haaren." Die Gespräche fanden nur noch auf dieser Ebene statt. Mit der Zeit war ich derart voreingenommen, dass ich mich, kaum lag auch nur der kleinste Hauch eines Kompromisses in der Luft, umdrehte und davonlief. Zum grossen Ärger jener Freunde, die mit viel Aufwand all diese Kontakte zustande gebracht hatten: „Du machst in fünf Minuten alles wieder kaputt, spinnst du eigentlich?" Ich beruhigte sie: „Ach was, es wird ohnehin nie klappen; ich werde nie imstande sein, hinzutreten und für sie den Hampelmann zu spielen." In diesen Verlagshäusern herrschte eine unsägliche Ignoranz, eine geistige Korruption sondersgleichen ...
Und noch heute treffe ich auf diesen pressapochismo, diesen elenden Krämergeist, „ich bin der Bessere" und „ich habe mehr verdient";

ich mag dies alles nicht mehr hören, was geht es mich an, ob du der Papst bist oder der Strassenfeger; all diese Leute kotzen mich an. Schon der Gedanke, dass ich mit ihnen zu tun haben werde, macht mich wahnsinnig.

Du wirst nicht um sie herumkommen, wenn du einmal in Italien Fuss fassen willst ...

Leider. Ich könnte ja schon heute beginnen, ich hätte die Gelegenheit, im Fernsehen aufzutreten, aber es bringt gar nichts, solange meine Platten dort nicht vertrieben werden. Jedenfalls liess ich es damals sein, cavoli loro, nahm mir Zeit und begann mit meiner dritten Produktion. Der Zytglogge-Verlag glaubte an mich und investierte in die Aufnahmen, obwohl er meine Platten nur in der Schweiz vertreiben konnte. Das Album hiess „Nuovi giorni di settembre" und wurde zuerst ein Flop. Es fehlte die angemessene Werbung; in solchen Fragen war der Verlag genau so unerfahren wie ich. Die Platte rettete sich durch einen guten Verkauf an den Konzerten; ich konnte an die 5000 Stück absetzen. In den Läden hingegen wurden nur etwa 1000 verkauft.
Ich war nicht enttäuscht, denn musikalisch wurde das Album eine tolle Sache; es hatten viele verschiedene Musiker mitgemacht, darunter einige Ausländer; ich war bestrebt, dem Album ein internationales Aussehen zu geben. Im September 1991 kam es auf den Markt, Ende des Monats begann die Tournee. Es war wieder eine Zweier-Tour, diesmal mit der Sängerin Tamara de Vito. Eine Zufallsbekanntschaft, sie hatte mich auf der Strasse angesprochen. Sie lebte in der Nähe von Zürich, war Italienerin der Zweiten Generation; sie studierte klassischen Gesang, war aber ganz unerfahren auf der Bühne. Etwa 100 Konzerte absolvierten wir zusammen; es war ein Erfolg und eine schöne neue Erfahrung, die Kombination einer Männerstimme mit einer Frauenstimme ... Wohl auch mit ein Grund, weshalb wir soviele Platten absetzten.

Bewirkte dieser Erfolg auch etwas auf der organisatorischen Ebene?

Nun ja, die Dinge änderten sich für mich im folgenden Jahr: 1992 bekam ich einen Manager, meinen ersten Manager. Endlich gab es jemanden, der sich geschäftlich um mich kümmerte. Sein Name war Franz Bachmann, er führte seit Jahren eine Agentur, betreute in der Schweiz Leute wie Alice und Angelo Branduardi. Er schlug

mir vor, nicht nur meine Konzerte zu organisieren, sondern auch für einen strategischen Aufbau zu sorgen, meinen Tätigkeiten eine gewisse Linie zu verpassen. Er stellte mir noch im selben Jahr eine Tournee zusammen, diesmal mit Band, darunter auch der Bassist Stefano Neri und der Gitarrist Thomas Fessler, die meine Begleiter durch all die Jahre werden sollten. Erstmals spielten wir auch an den grossen Sommerfestivals des Landes, in St. Gallen und auf dem Berner Gurten.
Am Ende jener Saison bekam ich einen Anruf von Franz Bachmann. Eine deutsche Gruppe, die er betreute, befand sich in der Schweiz auf Tournee; er wollte mit den Musikern einen touristischen Ausflug auf die Rigi machen, und er lud mich ein, sie zu begleiten. Auf der Wanderung stellte ich dann fest, dass es sich bei den besagten Personen um Konstantin Wecker und seine Band handelte; ich kannte Wecker nur vom Hörensagen. Wir wurden einander vorgestellt, ich sagte, ich sei auch Liedermacher, er schwärmte mir von seiner Villa in der Toskana vor. Am Abend besuchte ich sein Konzert in Luzern und war tief beeindruckt, ich hatte ja bislang gar keinen Zugang zur deutschen Musik gehabt. Am Schluss schenkte ich ihm meine CD „Nuovi giorni di settembre". Das war's. Einige Monate später rief Konstantin Wecker an, er hätte sich mein Album angehört, es habe ihm sehr gefallen; er würde gern mit mir ein Duett aufnehmen. Perché no, dachte ich; wir verabredeten uns im Zürcher Kaufleuten, er hatte dort die Präsentation seines Buches „Uferlos". Es muss im Sommer 92 gewesen sein. Er hatte bereits eine konkrete Idee, wollte, dass ich nach München komme. Einen Monat später war ich bei ihm; in seinem Haus arbeiteten wir an unserem gemeinsamen Lied, er im unteren Stock am Flügel, ich oben am Klavier; er hatte Skizzen für einen Refrain, ich brachte das Intro und die Strophen. Und so entstand „Questa nuova realtà" – ein deutsch-italienisches Lied über die Solidarität, über die Verbrüderung; wenige Monate zuvor hatte das neonazistische Attentat in Solingen stattgefunden, bei dem fünf Personen aus einer türkischen Familie ums Leben kamen. Als das Lied im Kasten war, schlug ich Konstantin vor, auf meinem nächsten Album ebenfalls ein Duett mitzusingen. Er kam und machte mit, bei „Terra ..."

...ein Lied über die gespaltene Liebe zur Heimat; „Terra" heisst ja zugleich Boden und Erde, Land und Erdkugel ...

Genau, das Lied hebt diese Mehrdeutigkeit auch heraus. Die deutschen Zeilen stammten übrigens von Linard Bardill. Und so kam dieser schöne Austausch zustande, ich sang auf Weckers Platte, er auf meiner. Es dauerte nicht lange, und wieder erhielt ich einen Anruf von Konstantin. Er wünschte, dass ich mit ihm auf Tournee käme; ob ich verfügbar wäre. Für mich bedeutete dies eine einmalige Gelegenheit, ich konnte kaum abschlagen. Das Problem war, dass meine eigene Tournee schon vorbereitet war; mein neues Album, „Le pietre di Montsegur", stand kurz vor der Veröffentlichung. Ich musste der Band wohl oder übel die Absage sämtlicher Daten mitteilen. Ich versuchte, sie davon zu überzeugen, dass es letztlich auch ihr zugute käme.

Diese Zusammenarbeit mit Wecker ermöglichte mir, erstmals ein Album ausserhalb der Schweiz zu veröffentlichen; die BMG Ariola erwarb die Lizenz für Deutschland, Österreich und Luxemburg. Wäre wirklich töricht gewesen, wenn ich da nicht zugesagt hätte. Im März 1993 erschien das neue Album, danach begann die Tournee, sie dauerte bis zum Oktober, 100 Daten im Ganzen. Konstantin und ich sangen jeweils einige Duette, darunter sogar ein Lied auf bayrisch. Bei meinen eigenen Stücken hatte ich eine längere Soloeinlage auf dem Tamburello – ich kam wirklich ausgiebig zum Zuge. Es war eine einmalige Chance, vor soviel Publikum auftreten zu dürfen. In Leipzig spielten wir einmal vor 50'000 Leuten, auf einem Festival gegen Rassismus; für mich war es wie ein Schock, noch nie hatte ich eine so grosse Menschenmenge gesehen. Nach dieser Erfahrung war es gar nicht leicht für mich, erneut von vorne anzufangen, so auf mich allein gestellt; ich musste mich richtiggehend auffangen. Also suchte ich meinen alten Freund Salvo Costumati auf; er war einer von jenen Strassenmusikern, derentwegen ich damals in die Schweiz gekommen war ...

...von der Gruppe Alcantara ...

...und ich sagte zu ihm: „Caro Salvo, ich hab eine einjährige Tour vor mir, un casino di concerti, willst du mitmachen?" Er arbeitete als Kellner in einem Bistro in Luzern, die Geige hatte er, wie man so schön sagt, an den Nagel gehängt. Er holte sie wieder hervor. Und es wurde ein aussergewöhnliches Jahr; wir erlebten die wildesten Sachen. Manchmal waren unsere Auftritte ein Erfolg, in Wien zum Beispiel, manchmal waren sie eine Katastrophe. Wir wurden an den Arsch der Welt geschickt, an Orte, wo die Leute

nicht mal das Geld für einen Konzertbesuch aufbringen konnten. Und so spielten wir manchmal vor sechs, sieben Leuten. An Orten wie Eisenhüttenstadt in der Ex-DDR, die reinste Industriestadt, vor 35 Jahren erst entstanden, russige Backsteinbauten, halb zerstört und verlassen, wie wenn der 2. Weltkrieg erst grad zu Ende gegangen wäre. Und hier, in diesen zerlotterten Fabrikgebäuden sollten wir auftreten, zwei in einem furgoncino dahergefahrene Sizilianer. Es war eine höchst seltsame Vorstellung. Und doch funktionierte immer alles wie durch ein Wunder. Einmal, in Arnstadt, traten wir in einer ehemaligen, entheiligten Kirche auf – wo einst Johann Sebastian Bach Organist gewesen war. Wir wussten nie, wo wir landen würden, ein wahres Abenteuer.
Das alles geschah im Jahr 1994. In jenem Jahr lernte ich Georges Moustaki kennen. Wir spielten beide am selben Festival, waren Gäste von Reinhard Meys „Lieder in einer Sommernacht", einem Open Air, das alle Jahre wieder stattfindet. Ich traf hier noch andere Liedermacher, wie Klaus Hoffmann, sowie einen etwas schrulligen Österreicher, wie war doch sein Name ...

Ambros, Wolfgang Ambros ...

...genau, Ambros. Ich freundete mich mit Moustaki an, denn er sprach italienisch. Du liebst Frankreich, ich liebe Italien, wie das eben so geht. Ich schlug ihm vor, mit mir ein Duett aufzunehmen. Ich hatte ein neues Lied, das meinem grossen Vorbild Leo Ferré gewidmet war. Ich wünschte nicht nur, dass Georges mitsingen würde; ich hoffte auch, dass er mir helfen könnte, dem Menschen hinter dem Mythos Ferré etwas näher zu kommen; er hatte den Sänger ja persönlich gekannt. Im Herbst 1994 besuchte ich Georges Moustaki in Paris. Wir arbeiteten gemeinsam am Lied; anstelle einer direkten Übersetzung schrieb er gleich eine neue französische Version. Als es dann um die Aufnahme ging, bekamen wir Probleme. Die Tonlage war zu hoch für seine Stimme. Immerhin war er schon 60, und sein Gesang ähnelte immer stärker einem Sprechen. „Mach dir keine Sorgen", sagte ich zu Moustaki; und am Schluss übernahm ich auch seinen Part. Das Lied „Leo" erschien dann auf meinem fünften Album „12 lettere d'amore", im Frühsommer 1995.

All diese Begegnungen sind für dich nicht nur berufliche Bühnenbekanntschaften, sondern auch Ausdruck dessen, was du immer schon anstrebtest, nämlich so viele Welten wie möglich zusammenzubringen ...

Es ist ein schönes Gefühl zu sehen, dass hinter dem musikalisch-künstlerischen Austausch im Grunde immer noch der Mensch steckt. Im direkten Kontakt stellte sich aber oftmals auch eine grosse Enttäuschung ein. Im Jahr 1995 nahm ich zum Beispiel an einer Festivalreihe teil, die Troubadour hiess. Moustaki war dabei, Konstantin Wecker auch, sowie Angelo Branduardi und José Feliciano. Es war für mich eine grosse Freude, einige Tage mit diesen Leuten verbringen zu dürfen. Indes: Nichts war so. Jeder ging seine eigenen Wege, jeder war schon angekommen, jeder hatte sein eigenes Fünfsterne-Hotel. Alle hatten den Bauch schon voll, ausser mir schien keiner den Wunsch zu verspüren, sich mitzuteilen, Gedanken auszutauschen. Angelo Branduardi sagte zu mir: „Du bist also Pippo Pollina, endlich lerne ich dich kennen; ich höre oft von dir, wenn ich im deutschen Sprachraum auftrete." Das war alles. Und wir waren immerhin eine ganze Woche zusammen ...

Von deinen künstlerischen Bekannten ist einer wiederholt in die Schlagzeilen gekommen: Unlängst wurde Konstantin Wecker wegen seinen Kokaingeschichten zu Gefängnisstrafen verurteilt. Du warst ein halbes Jahr lang mit ihm unterwegs; wie hast du ihn während dieser Zeit erlebt, sei es in seiner Beziehung zu dir, sei es als Mensch, der in einer derartigen ständigen Überspanntheit lebt?

Es war ein total verrücktes Leben, masslos, schrankenlos, uferlos. Ich muss heute allerdings eine Lanze für ihn brechen. Wenn einer permanent unter Drogen steht – und es handelte sich um Riesenmengen, Mengen, die ein Kalb hätten umbringen können; Leute, die damals um ihn waren, sagten mir neulich noch, sie wunderten sich, dass dieser Mensch noch am Leben ist – wenn einer also dermassen unter Drogen steht, kann er keine tiefgehende menschliche Beziehung eingehen, weder eine gleichwertige noch eine konstruktive. Er verweigerte richtiggehend jede Beziehung mit Personen, die seinen Zustand nicht teilten. Und jetzt stell dir einmal vor – ich rauche nicht, trinke keinen Alkohol, habe noch nie in meinem Leben illegale Drogen konsumiert, hatte noch nie einen Joint zwischen den Fingern; ich war die totale Antithese dieser Person, rein schon das Äusserliche, er ein Koloss, ich ein Strich in der Landschaft. Durch unser Zusammensein war er ständig gezwungen, sich mit einer anderen, gesünderen Wirklichkeit zu messen, und ich glaube, dass das für ihn auch grosse Probleme schuf. „Ich konnte niemanden ertragen, der nicht so war wie ich", gestand Konstantin mir neulich in einem klärenden Gespräch. In der Tat verlor er in dieser Periode viele Leute, die ihm nahestanden; sogar seine Managerin, eine ganz tüchtige Person, warf schliesslich das Handtuch. Für mich war es eine konfliktreiche Zeit.

Aus deinen Schilderungen könnte man folgern, dass Konstantin Wecker die Konfrontation mit der „Enthaltsamkeit" geradezu gesucht hat, als er dich zur Mitarbeit anfragte. Und vielleicht suchte er insgeheim auch die jetzige „Bestrafung" ...

Mag sein. Was jetzt geschehen ist, scheint ihm paradoxerweise gut zu bekommen. Ich hoffe, er könnte auch mit 50 noch davon profitieren. Doch was soll's, das Leben geht weiter, und deshalb ist Konstantin auch auf meinem neuesten Album dabei; wir greifen „Questa nuova realtà" wieder auf. Vince Tempera, mein neuer Produzent, meint, dieses Lied könnte in Italien auf Interesse stossen. Wecker freut das sehr; weil er schon lange davon träumt, einmal in Italien auftreten zu können ...

...worin ihr einander wiederum sehr ähnlich seid, Pippo und Konstantin..

V. Bar Caflisch

Wenig Licht in den östlichen Strassen der Stadt. Die Nacht verbirgt die Ruinen. Brandmauern, Bauwände, Hofschranken, Häuserzeilen. Die Übergänge sind fliessend. Und dann ein grosses, offenes Tor, dahinter Licht. Im Hofdurchgang Sandhaufen. Das Gemäuer ist herausgeputzt. Man betritt ein Vorzimmer, kommt durch eine Diele in einen kleinen Zwischenhof, vorbei an Empfangstischen, Prospektablagen, Garderobeschildern. Die letzte Schwelle führt in einen grossen, hohen Raum. Die Masse und die Formen verraten die ehemalige Kirche. Über dem Schiff klafft ein Loch, Sternenhimmel an Stelle einer Decke, und aus dem Stummel eines Fensterbogens wächst die Silhouette eines Zwergstrauches in die Nacht hinaus. Allein der Dachbogen des Chores ist noch intakt, darunter, an der Stelle des Altars, eine erhöhte Bühne, ein Bretterboden, weisses, ungehobeltes Holz. „Hier habe ich schon einmal gesungen", sagt der Sänger.

Vierzig Jahre lang dämmerte das zerbombte Kloster Spasimo in seinem Schutt dahin. Dann wurde seine Instandstellung zum Beschäftigungsprogramm für Gefangene in Halbfreiheit. Vor wenigen Tagen wurde „Il Spasimo", das neue Freizeit- und Kulturzentrum, eröffnet. In den Nebenräumen hängt eine Dauerausstellung, Abzüge alter Fotografien, Palermo vor und nach den Angriffen. Schwarzweiss mit einem Braunstich. Trümmer, Schutt und Asche auf jedem dritten Bild, Kriegsruinen, zerschossene Fassaden, verstellte Strassen. Es ist gespenstisch rundherum, keine Strassenbeleuchtung, der Platz ist leer; er scheint gross, zu gross für diese Stelle. Der Wagen sieht die Erhöhung nicht, holpert über eine niedere Kante, spürt jetzt die Unebenheit eines Bodens, der einmal vielleicht eine Küche, vielleicht ein Spezereienladen war, kurvt schaukelnd durch einen Haufen weiterer imaginärer Räume, wendet dann schleunigst und kehrt in die Bahnen des normalen Verkehrs zurück. „Piazza Magione; sie kommt in einem meiner Lieder vor", sagt der Sänger. Zwei Häuserreihen weiter, und der Film ist wieder ausgewechselt. Aus den schmalen Gassen strahlt warmes Licht entgegen. Tische, Stühle draussen, Menschen überall, Bambini, Nonne, Ragazzi, Ragazze, und die Poliziotti sperren uns den Weg ab, bitte heute Samstagabend keine Autos hier. Denn das Centro gehört wieder dem Volk, jeder Winkel zwischen Vittorio Emanuele und Garibaldi ist besetzt ...

Dies alles war vorgestern. Jetzt sitzen wir auf der Gartenterrasse der Bar Caflisch, dem letzten Zeugnis einer famosen Zuckerbäckerfamilie, einst aus Graubünden eingewandert. Wir sind umgeben von Schmiedeeisen und Laubdach, zu unseren Füssen die Katze des Hauses und am Marmortisch der eifrige Jungmaler Julian.

Benedetto Vigne:
Pippo, du bist am 18. Mai 1963 geboren. Wenn du an deine Kindheit denkst, was sind deine ersten Erinnerungen?

Pippo Pollina:
Ich erinnere mich, als unsere Familie in jene Strasse zog, in der meine Eltern noch heute leben, die Via Serradifalco. Damals befanden wir uns hier an der Stadtgrenze; auf der einen Seite führte die Strasse ins Zentrum, direkt zum Politeama, auf der anderen Seite, also unmittelbar hinter unserem Haus, begannen die Gärten mit den Zitrusbäumen, Orangen, Zitronen, Mandarinen. Die Gegend hiess Conca D'Oro, das goldene Becken; heute bestehen diese Gärten nicht mehr, die ganze westliche Zone wurde im Laufe der letzten 30 Jahre von neuen Stadtvierteln überwuchert, zubetoniert. Meine ältesten Erinnerungen sind verbunden mit einer unbekannten, geheimnisvollen Stadt, die ich heute nur noch auf Fotografien wiederfinde.

Die nächsten wichtigen Erinnerungen betreffen einen schweren Unfall, den ich im Jahre 1969, als 6jähriger beim Fussballspielen erlitt. Zu jener Zeit existierten in den Quartieren noch weniger Sportplätze als heutzutage. Also spielten wir auf dem Gehsteig vor unserem Haus; der Ball flog auf die andere Strassenseite; ich wollte ihn holen, zu zweit überquerten wir die Strasse. Ich erinnere mich noch, wie ich dem anderen Kind die Hand hielt. Aber ich befand mich auf der falschen Seite. Ein weisser Fiat 600 kam auf mich zu, erfasste mich von vorne und schleuderte mich fort. Ich sehe noch vor mir, wie der Hauswart die Hände über dem Kopf zusammenschlug – und dann nichts mehr. Ich erwachte, was weiss ich, eine Woche später; die ganze rechte Seite des Körpers war gebrochen, Fuss, Ferse, Schienbein, sämtliche Knochen. Als Folge davon wurde ein Bein fast 4 Zentimeter kürzer als das andere. Von diesem Moment an begannen sich meine Augen zu verschlechtern, wahrscheinlich wegen des Schlages auf den Kopf. Ich leide unter einer sehr starken Kurzsichtigkeit, ohne Brille sehe ich beinahe nichts mehr.

Ist der Unfall womöglich auch ein Grund, dass du einen künstlerischen Weg eingeschlagen hast?

Der Unfall hat mein Leben verändert. Es gibt ein Foto, das kurze Zeit vorher enstanden ist. Wenn ich es anschaue, sehe ich ein anderes

Kind, ein anderes Wesen. Vielleicht ist es nur ein Eindruck, vielleicht bloss eine Spinnerei ...

Abgesehen von diesem tragischen Einschnitt, gab es in deinem familiären Umfeld noch etwas anderes, das dich beeinflusste, das dich anspornte, Musiker zu werden, Lieder zu schreiben? Existierte ein künstlerisches Klima?

In meinem Elternhaus singt niemand. Wir besassen keine Musikinstrumente. Es gibt niemanden – doch, vielleicht meinen Grossvater, väterlicherseits. Er ist inzwischen 94 Jahre alt. Manchmal rezitierte er mir Gedichte aus der Zeit des Ersten Weltkrieges. Die

Pippo als Kind 1967

Männer, die in den Krieg zogen, schrieben einander Gedichte. Da gibt es zum Beispiel eines, das den Zustand der Insel besang, die verlassenen Frauen, die Dörfer ohne Männer. Aber musiziert wurde zu Hause nicht.

Und doch bekamst du von deinen Eltern deine erste Gitarre geschenkt?

Es war eine „Eko Fiesta" mit Metallsaiten, 18 Mille Lire; sie schenkten sie mir zur bestandenen Aufnahmeprüfung in die dritte Lyzeumsklasse. Nicht weil ich am Instrument selbst interessiert gewesen wäre, sondern weil sie bemerkt hatten, dass ich Freude am Singen hatte. Das Spielen habe ich mir dann selbst beigebracht.

Zurück zur frühen Kindheit: Kurz nach dem Unfall begann für dich die reguläre Schulzeit mit den „elementari"; veränderte auch die Schule etwas in dir?

Ich zog mich zurück. Der Unfall hatte mich geschwächt; ich konnte nicht gut sehen. Diese Fragilität begleitete mich fortwährend; ich wuchs ja in einem Quartier auf, in dem Beziehungen, selbst die unter Kindern, durch die Gesetze der Gewalt geregelt waren. In einem gewissen Sinn kopierten wir die Gesetze der Erwachsenen. Ich erwähnte ja schon einmal den Zweikampf, mit dem ich die Ehre eines Kameraden retten musste ...

Du warst körperlich besonders schwach, sagst du; wie waren deine schulischen Leistungen?

Ich war der Klassenbeste. Und da bestand schon eine grosse Diskrepanz zwischen meiner mangelhaften Physis und meinem intellektuellen Eifer. Denn ich lernte fleissig; und so bestand ich problemlos alle Prüfungen. Später, an der Universität, musste ich mich kaum noch anstrengen, ich konnte alle Arten von Informationen umgehend speichern und für meine Zwecke instrumentalisieren.
Es mag lächerlich klingen, aber einmal erlebte ich einen fürchterliches Desaster im Lyzeum. Ich wurde in Algebra abgefragt, und ich begann in meinem Eifer drauflos zu philosophieren. Die Lehrerin wurde wütend, beschimpfte mich: „Willst du mich hochnehmen, oder was?" und schmiss mich aus der Klasse.
Ein einziges Mal beging ich eine Unregelmässigkeit. Nicht weil ich es nötig gehabt hätte, sondern weil ich etwas Unglaubliches gehört

hatte: Ein Bekannter erzählte mir, er hätte den grössten Teil der Prüfungen gekauft. Ich glaubte ihm nicht. Da sagte er, es gäbe einen Hausmeister, der besondere Verbindungen zu den Professoren pflege. Und zum Beweis schlug er mir vor, meine nächste Prüfung kaufen zu lassen – Politische Wirtschaft, 1500 Seiten. „Gib mir 200 000 Lire und bereite 30 Seiten deiner Wahl vor." Ich sagte zu. Als es soweit war, befragte mich der Professor zum Thema meiner Wahl, fügte dann noch einige Alibifragen hinzu, die ich prompt nicht beantworten konnte. Er entliess mich mit den minimal erforderlichen Punkten. Der Professor sitzt heute hinter Gittern, wie ich neulich erfahren habe. Die Korruption an der Universität war übrigens auch ein Grund, weshalb ich mein Studium nicht beendete.

Wann hast du erstmals von der Existenz der sogenannten Mafia erfahren? Wie wurde dir dieses sizilianische Phänomen bewusst?

Als ich ungefähr sieben Jahre alt war, sah ich den ersten Toten in unserem Quartier. Mir wurde bewusst, dass es sich dabei um einen Mord handelte, aber ich konnte noch nicht wissen, dass dies als ein Mafiaverbrechen zu identifizieren war; erst als etwa 14jähriger hörte ich die Leute darüber reden.
Ich verstand jedoch, dass ich im Kontext einer gewaltbereiten Gesellschaft lebte, auch weil wir Kinder das Verhalten der Erwachsenen, immer in den entsprechenden Relationen, nachahmten. Als Siebenjährige sammelten wir Fussballbildchen; wir begnügten uns jedoch nicht nur mit dem üblichen Tausch; hinter unserem Haus veranstalteten wir ein regelrechtes heimliches Spielcasino; da gab es diejengen, die mit riesigen Mengen aufkreuzten und den Neid aller anderen auf sich zogen, es gab Falschspieler und Diebe. Und ich merkte bald, die einzigen Argumente, die zählten, waren Gewalt und Überheblichkeit. Wenn du dich nicht zu wehren wusstest, wurdest du übertrumpft, schon als Kind.

Wurde die Mafia unter euch Kindern nicht thematisiert?

Sicher, aber nicht wörtlich. Man nannte es anders. Sich nicht auf die Füsse treten lassen. Die Ehre verteidigen. Dass dir ja jeder den nötigen Respekt zollen möge.

Dann musste aber einem Kind unterschwellig auch bewusst werden, dass man früher oder später mit dieser Parallelwelt der Mafia in Kontakt kommen könnte, vielleicht sogar in sie eintreten, wie in eine Drogenszene. Da mussten doch deine Eltern auch irgendwie Angst davor haben; wie reagierten sie darauf?

So wie es keine sexuelle Aufklärung gab, gab es auch keine über die Mafia. Wie schon gesagt, Sizilien ist das Land der Symbole, man muss alles mit den eigenen Augen erfahren und erkennen. Meine Familie hatte keine mafiöse Tradition; hätte ich den Wunsch gehabt, an der Cosa Nostra teilzunehmen, dann hätte ich mich der Unterwelt nähern müssen, mich mit der Delinquenz abgeben, und dann hätte ich zu erkennen geben müssen, dass ich mich für diese Welt interessiere, ich hätte meinen Wert beweisen müssen. Und so wäre ich langsam die Leiter emporgestiegen, die dann zur Initiation führt. Die Initiation ist beinahe schon eine religiöse Angelegenheit. Du wirst zu einem Padrino geführt, zum Boss der Familie deines Quartiers; du musst eine Art zehn Gebote vorlesen, dass du die Cosa Nostra, also „Unsere Sache", niemals verraten willst, usw. Dann wird deine Fingerspitze mit einem Orangendorn gestochen und das Blut tropft auf das Bildchen der Santa Rosalia, der Schutzpatronin von Palermo. Das Bild wird angezündet, und während es brennt, sagt man dir: „Wenn du je die Cosa Nostra verraten solltest, ergeht es dir wie dem Heiligenbildchen." Das ist das ganze Ritual. Zumindest war es einmal so. Da es heute kein Geheimnis mehr ist, hat es wahrscheinlich seine Sakralität verloren. Jedenfalls hätte ich der Organisation beitreten können, wenn ich gewollt hätte. Meine Eltern waren schon des Unfalles wegen übervorsichtig. Und sie passten auf, dass ich die Schule korrekt durchlief, dass ich den richtigen Umgang pflegte; das war ihre Art, mich zu kontrollieren.

Abgesehen von den vielen Mutproben, hat dich die Schule auch inhaltlich geprägt?

Ich hatte das Glück, in sämtlichen Klassenstufen gute Lehrer zu haben, Lehrer, die meine Begeisterung zu wecken wussten, vor allem in den Fächern Literatur und Philosophie. Die wahre Leidenschaft für die Lektüre kam aber erst nach der Matura. Ich verliebte mich in die französischen Symbolisten, Rimbaud, Mallarmé, die famosen „Fleurs du mal" von Baudelaire". Und entdeckte den „Steppenwolf", alles pubertäre Lektüre, gewiss, die ich mir jenseits des Schulstoffes aneignete, denn in der Schule las man eher die Klassiker, Flaubert, Goethe, nebst Foscolo oder Manzoni. Dasselbe gilt auch für die Autoren des 20. Jahrhunderts, Italiener wie Montale, Quasimodo oder Pavese. „Der Fremde" von Camus hat mich stark berührt; ein Pessimismus, der mich gleichzeitig abstiess und anzog. Dieselbe Stimmung fand ich bei den französischen Liedermachern wieder, bei Leo Ferrés „La solitude" vor allem. Eines Tages dann hatte ich genug von Romanen und Erzählungen, ich hatte James Joyce und die Russen gelesen, all diese Schinken von Krieg und Frieden und Auferstehung. Mit wachsendem Interesse für die Archäologie schwand die Leidenschaft für diese Art Lektüre. Ich begann mich für Fragen des Absoluten zu interessieren, las Bücher über Okkultismus, über das Paranormale, nicht aus der Sicht eines Gläubigen, sondern einfach aus Neugierde. Und daher gefiel mir auch der sizilianische Sänger Franco Battiato, weil ich aus seinen Liedern einerseits viel Ironie herauslesen konnte, aber auch die Nähe zu all diesen Themen, die mich beschäftigten. Und aus demselben Grund gefiel mir auch Umberto Eco, vor allem „Das Foucaultsche Pendel".

Was deine Vorlieben für das Okkulte betrifft, in deinem Alltag wiederspiegeln sie sich kaum, nicht einmal in deinen Texten ...

Auf dem zweiten Album „Sulle Orme del Re Minosse" gab es einige Anspielungen. Ich hoffte, durch gewisse Signale an Leute heranzukommen, die mich verstanden hätten. Es war ein totaler Reinfall. Es gab nur eine einzige Reaktion, ein anonymer Anrufer, der behauptete, meine Lieder zu durchschauen. Ansonsten hat nie jemand gefragt, was zum Beispiel ein Lied wie „Et in arcadia ego" soll; keine Bemerkungen, dass hier die Tradition des Grals wieder aufgegriffen wurde; keine Neugier, was die Verschlüsselungen im Titellied betraf ...

Es gibt ja noch diesen sonderbaren Titel „SIM". Der Kürzel taucht dann wie ein Symbol, wie eine Botschaft auf den folgenden Werken immer wieder auf. Irgendwie erinnert es mich an die Zeichen, die die Amerikaner vor knapp zwanzig Jahren auf einer Stahlplatte an einer kosmischen Sonde anbringen liessen; die Piktogramme sollten über die Existenz der Erdenmenschen berichten, falls diese Sonde im All draussen auf irgendwelche intelligente Wesen stossen sollte. Was ist SIM?

Ich habe mich stets geweigert, über diese Sache zu sprechen. „Nach dem siebten Album werde ich reden", sagte ich jeweils. Also müssen wir noch ein weiteres Werk abwarten ...

Anderseits gibt es Analogien zu deiner Passion für die Archäologie; du gräbst nach Zeichen, nach Botschaften aus der Vergangenheit ...

Mich interessiert die Zukunft nicht besonders; du musst nur ein bisschen warten und schon kennst du sie. Die Vergangenheit hingegen ist undurchdringbar. Du kannst versuchen, sie nachzuzeichnen, dir ein Bild von ihr zu machen, du kannst sie allerdings nicht mehr verifizieren; es gibt keinen Weg zurück. Ich glaube, dass in der Vergangenheit Lebensformen vorherrschten, die der „Wahrheit", dem Wesen der Dinge, viel näher standen. Wenn ich hingegen an die Zukunft denke, sehe ich die Entfremdung in einer Welt der komplizierten Maschinen, der Computerisierung des Menschen. Mich interessiert es, meine Rolle im Universum zu ergründen. Schliesslich ist der Mensch kein abstraktes oder zufälliges Wesen, ihm ist eine ganz bestimmte Rolle zugedacht, aber er weiss es nicht, es ist ihm nicht bewusst, deshalb sucht er unentwegt danach ...

Manchmal aber wähnt er sich, dessen bewusst zu sein, er meint im Mittelpunkt zu stehen, auf dem Gipfel der Geschichte. Gewiss hat er Gott über sich gestellt, aber nur als Projektion, weil ihm nichts Besseres einfiel für die Letzte Erklärung. Aber schon die Definition des Menschseins durch die Fähigkeit, über sich selber nachzudenken, ist an sich eine ungeheure Arroganz. Ich tendiere dazu, den Fluss der Zeit als ein Phänomen anzusehen, dass nur mich betrifft. Vergangenheit und Zukunft existieren nur in Relation zu mir. Ich weiss aber, dass ein solches Konzept den Begriff des freien Willens über den Haufen werfen würde. Darüber zerbreche ich mir nicht den Kopf; es gibt offenbar ein Geheimnis und dieses Geheimnis ist gleichsam der Sinn meines Lebens. Manchmal gibt es ja auch Momente der vollständigen Klarheit ...

Es war die Archäologie, die mir die Augen öffnete: All die Zeugnisse der Vergangenheit konnten nicht Selbstzweck sein, waren nicht nur Monumentologie und Architektur, da musste mehr dahinter stecken. Das sind Zeugnisse mit Bedeutungen metaphysischen Charakters, gewissermassen göttliche Botschaften. Zu entdecken, dass alle Pyramiden dieser Welt auf einem bestimmten Breitengrad errichtet sind, nach Norden ausgerichtet, zu entdecken, dass drei-, viertausendjährige Funde hochgeometrische Strukturen aufweisen, dies alles weckte meine Neugier; es liess mich verstehen, dass die Fragen unserer Tage schon in Urzeiten vorhanden waren. Die mystischen Bedürfnisse und die Beziehung zur Natur waren aufeinander abgestimmt, die Bauten waren in die Gegend eingefügt, ohne sie zu stören oder zu beschädigen. Die ägyptischen Pyramiden, die Tempel der Mayas in Mexiko und der Azteken in Peru – sie waren geradezu Denkmäler an die Natur. Selbst die griechischen Philosophen besuchten Ägypten, bevor sie ihre berühmten Werke schrieben.

Über die Lektüre verschiedenster Schriften stiess ich dann auf den Namen Gurdjieff. Ich war auf Anhieb von der Lehre dieses legendären Mannes fasziniert. Sie schien mir jenseits aller modischen Okkultismen, jenseits von Kartenlesen und esoterischen Heilpraktiken angesiedelt zu sein.

Da ich eine wissenschaftlich orientierte Erziehung genossen hatte, musste für mich die Metaphysik etwas Greifbares, etwas Spürbares bieten. Ich hatte nicht das Bedürfnis, mich im Sinn der Religion auf ein Leben nach dem Leben zu fixieren; ich wollte dieses Leben besser verstehen. Und dafür schien mir – und scheint mir noch heute – Gurdjieffs Lehre die adäquateste zu sein. Es ist allerdings ein äusserst kompliziertes Denksystem. Gurdjieff erklärt das Leben als eine harmonische Beziehung zwischen vielen Zentren; dem intellektuellen, dem emotionalen, dem motorischen, dem sexuellen und so weiter. Jedes Zentrum muss aus seiner eigenen Energie heraus funktionieren. Frisst ein Zentrum die Energie eines andern, ist es so, wie wenn du beim Laufen hinken würdest, das ganze Gewicht ist einseitig verlagert. Bist du intellektuell veranlagt, wirst du alles mit dem Intellekt erfassen wollen: die Blume, die sich öffnet, den Blick in den Himmel, das Verliebtsein, ja selbst den Sex. Dabei sollte der Intellekt in einem andern Zentrum arbeiten. Ziel eines Menschen sollte die absolute Ausgeglichenheit sein, das „Zentrum der andauernden Schwerkraft". Das berühmte Lied von Franco Battiato, „Centro di gravità permanente", 1981 erschienen und kaum von jemandem verstanden, spricht von diesem Zustand. Es ist der höchste Grad des Selbstbewusstseins, des Wachseins, den man nur durch gezielte Übungen erlangen kann. Denn laut Gurdjieff sind die Menschen Schlafende, die es wachzurütteln gilt. Als Lehrer konnte er in der Tat äusserst brutal sein. So wie seine Lehre im Grunde brutal und unbarmherzig ist: Alles wird ein Ende haben, auch der Geist, der nur ein Teil der Materie ist.

Wer war überhaupt Gurdjieff?

Er stammte aus dem Kaukasus, wuchs im Schnittpunkt der verschiedensten Kulturen, Sprachen und Religionen auf. Er soll fliessend Griechisch, Armenisch, Türkisch und Russisch gesprochen haben. Von Haus aus war er Teppichhändler. In den ersten 35 Jahren seines Lebens bereiste er ganz Vorder- und Mittelasien, er war zusammen mit einer Forscherguppe in der Gobi-Wüste unterwegs; überall suchte er nach alten, mündlich überlieferten Lehren. Diese Erlebnisse schrieb er im Buch „Begegnungen mit bemerkenswerten Menschen" nieder. Während des 1. Weltkrieges begann Gurdjieff in Moskau und St. Petersburg eine Gefolgschaft um sich zu scharen. Darunter befand sich auch der Schriftsteller Ouspensky. Nach der russischen Revolution emigrierte er nach Frankreich und gründete in der Nähe von Paris seine „Schule für die harmonische Entwicklung des Menschen", die zu einem Anziehungspunkt für Schriftsteller, Poeten und Künstler aus ganz Europa wurde. So gehörte unter anderem auch die Autorin Katherine Mansfield zum engsten Kreise seiner Anhänger. Fotografien zeigen Gurdjeff als einen ziemlich bizarren, aber auch charismatischen Mann. Er war ja auch Komponist, er hat diverse Sonaten geschrieben, die öfters schon aufgeführt und aufgezeichnet wurden. Vielleicht ist diese Seite mit ein Grund, weshalb dieser Philosoph von vielen Musikern bewundert wird.

Wie hast du dich seiner Schule genähert?

Wenn es Bücher über Gurdjieff gibt, so muss es auch Leute geben, die sich mit dieser Lehre befassen, sagte ich mir. Ich schrieb Briefe an verschiedene Verlagshäuser, an italienische, französische, deutsche. Und bekam keine Antwort. Ich schrieb an Franco Battiato, denn aus seinen Texten hatte ich längst herausgelesen, dass er ein Anhänger dieser Schule war. Und ich besuchte in Mailand seinen Verlag L'Ottava, der Gurdjieffs Schriften auf italienisch veröffentlicht. Ohne Erfolg.
Diese Suche dauerte ungefähr zwei Jahre lang. Ich hatte die Hoffnung bereits aufgegeben, als ich eines Tages, im Herbst 1991, einen Anruf von einem gewissen Henry Thomasson erhielt. Thomasson, der damals schon über 80 war, leitet als Schüler Gurdjieffs dessen Schule für die harmonische Entwicklung weiter, die mittlerweile an verschiedenen Orten rund um die Welt domizi-

liert ist. Er teilte mir mit, dass ich schon seit einiger Zeit von ihnen „beobachtet" wurde; man hatte meine Beharrlichkeit bemerkt. Aber es gehört zur Praxis der Schule, dass man nicht sofort auf jede Anfrage antwortet.

Eine Art Geheimschule, eine Freimaurerei?

Als Geheimgesellschaft würde ich sie nicht bezeichnen. Natürlich findest du sie nicht im Telefonbuch; sie wollen ihre Energien nicht mit Leuten vergeuden, die bloss ihre oberflächliche Neugierde stillen möchten; sie wollen sicher gehen, dass die Personen, die sie kontaktieren, auch wirklich an der Sache interessiert sind. Insofern ist Gurdjieffs Schule auch keine missionierende, keine sektiererische. Ich wurde also zu den Treffen im „Centro per lo sviluppo armonico dell´uomo" eingeladen, machte mit bei den Übungen. Bald sah ich jedoch, dass die Teilnahme für mich problematisch wurde. Die Zusammenkünfte der Gruppe finden nämlich sehr spontan und ohne Vorankündigung statt. Da kam jeweils ein Anruf: „Morgen um diese und diese Zeit treffen wir uns in Mailand!" Bei meinem Beruf ist dies ein Ding der Unmöglichkeit; ich kann meine Konzerte nicht einfach von heute auf morgen absagen. Andererseits gehört es gerade zum Konzept von Gurdjieffs Schule, sich von den Dingen lösen, auf sie verzichten zu können. Ich hatte danach gesucht, und so lag es an mir, mich anzupassen.
Aber es gab noch etwas anderes, das mir nicht ganz gefiel: Die Begegnungen waren für mich zu episodenhaft; ich hätte mich mit diesen Leuten lieber öfters und intensiver getroffen; ich spürte das Bedürfnis, in derselben Stadt zu wohnen, mit ihnen einen Kaffee trinken zu gehen, auf diese Art und Weise zu arbeiten. Denn bei Gurdjieffs System bist du nicht an einen bestimmten Ort gebunden, wie zum Beispiel ein Fakir, ein Mönch oder ein Yogi. Mit diesem System, das „der Vierte Weg" genannt wird, kannst du überall und zu jeder Zeit den Zustand des Wachseins erlangen.
Ich zog also vor, den Zusammenkünften ganz fern zu bleiben. Aber ich habe den Kontakt zur Schule nicht abgebrochen, im Gegenteil. Und ich bewahre sehr schöne Erinnerungen. Ich hatte einige sehr merkwürdige Begegnungen mit Henry Thomasson. Es gehört ebenfalls zum Konzept der Schule, einen permanent auf die Probe zu stellen. So war ich in manchen Situationen nicht sicher, ob er mich auf den Arm nehmen wollte. Einmal fragte er mich, was ich zur Zeit so lese. Ich antwortete: „Umberto Eco, Der Name der

Rose." Und er erwiderte: „Kenne ich nicht. Aber ich werde mir den Namen notieren." Es war für mich unvorstellbar, dass ein Mensch seiner Bildung – er war ja ein berühmter Anwalt in Lyon gewesen – noch nie den Namen Eco gehört haben sollte. Ein anderes Mal lud er mich zu sich nach Hause ein: „Gehen wir in meine Bibliothek." Ich fühlte mich geschmeichelt und war ganz aufgeregt und gespannt, Thomassons Bücher zu sehen. Als wir dort ankamen, erschrak ich. An Stelle von Büchern lagen in den Regalen Hunderte von Gefässen, gefüllt mit Gewürzen. Heute bin ich davon überzeugt, dass er mit mir gespielt hat.

Apropos Spiele: Du erwähntest vorhin dein Album „Orme del Re Minosse"; diese Reisen durch die Plätze der Mythologie und der Geschichte, diese geheimtuerischen Codes á la SIM, das sind doch auch Spielereien?

Gewiss, es ist ein Spiel ...

...und da wollte ich dich fragen, inwiefern dein Herumwühlen in der Vergangenheit, dein Suchen nach Spuren auch auf die Sprache übertragen werden kann. Die Sprache ist ja, wie wir wissen, keine abgeschlossene oder fertige Sache, die Sprache lebt. Ein Wort, das vor 50 Jahren noch etwas ganz Bestimmtes bedeutete, besitzt heute ganz neue Konnotationen. Insofern lässt die Sprache auch Räume offen, lässt zu, dass man mit ihr kreativ spielt ...

Es passiert mir manchmal, dass ich neue Worte kreiere, aber es ist ein Sport, dem ich nicht ausgesprochen fröne. Es gefällt mir, Worte neu zu kombinieren, mit dem bestehenden Wortschatz eine neue Syntax zu konstruieren; ich ziehe Neophrasismen den Neologismen vor.

Was ist mit Wortspielen, Lautmalereien, Onomatopöia?

Sie kommen immer öfters vor. Auf dem Album „12 Lettere d'amore" gibt es drei, vier Lieder, die davon leben. In „Tango per due" musst du die Liebesgeschichte zwischen den Zeilen lesen, weil die Laute im Vordergrund stehen. Oder noch ausgeprägter in „Passione": „...domestica demagogia di una domenica dinamica".

Eben ...

„"...di me farò un falò, di te un faro di fiori", „farò" wird zu „faro" und desgleichen."

Es kann zur Leidenschaft, ja geradezu zu einer Manie werden. Bob Dylan trieb in seinen Liedern der Mittsechziger Jahre das Spiel mit Binnenreimen und Alliterationen auf die Spitze ...

Siehst du, deshalb möchte ich gern nach Italien zurückkehren, weil ich auf dieser Ebene im Ausland zu wenig Ansprechpartner finde.

Andererseits kann man sich auch an den Hermetismen weiden, sich quasi ins Fäustchen lachen, der einzige zu sein, der den wahren Sinn des Liedes versteht. Zu den schönsten Momenten rechne ich, wenn andere Leute aus deinen Liedern mehr heraushören, als du hineingetan hast ...

Das ist aber gerade etwas, das mir nicht ganz passt. Ich höre oft Künstler sagen, „oh, es gefällt mir, etwas von mir zu geben, und dann kann jedermann dies so interpretieren, wie er es will." Wenn ich etwas schreibe, dann weiss ich genau, was ich sagen will; ich will etwas Bestimmtes mitteilen und nur dies. Und wenn du beim Lesen etwas anderes mitbekommst, dann ist es nicht korrekt, selbst wenn deine Fantasie durch diesen Akt angeregt wird. Aber als Konzept scheint es mir falsch, wenn das Lied sich für dich verändert. Du könntest ja genau das Gegenteil verstehen von dem, was ich ursprünglich meinte.

Hier erstaunst du mich, gerade weil du ein grosses Interesse für die geheimnisvollen, mystischen Seiten offenbarst. Ich bin der Meinung, dass aus dir immer auch eine Seite spricht, die von deinem Bewusstsein nicht wahrgenommen wird, die von deinem Willen nicht kontrolliert wird ...

Du willst sagen, dass mir nicht immer bewusst ist, was ich schreibe, dass es manchmal ein Kind des Zufalls ist?

Nicht nur des Zufalls. In den Texten und in den Tönen sind immer auch Botschaften versteckt, die nicht direkt von dir stammen; du bist sozusagen das Medium, das die Geschichte der Menschheit weitergibt. Vergleichbar mit den ägyptischen Pyramiden ...

Interessant, interessant. Daran hatte ich nie gedacht ...

VI. Lo Zingaro

Parkeingang Lo Zingaro. Der Mann im Wärterhäuschen ist einsilbig. Es ist die Einsilbigkeit dieser grossen Insel: „Si. No. Si." Ja, das Gerücht stimmt, sämtliche Zwergpalmen abgebrannt, auf der anderen Seite der grossen Krete. „War es Brandstiftung?", fragen wir. „Chi lo sa", antworten die Schultern. „Waren Spekulanten am Werk?" Chi lo sa ... Einige Leute hätten es schon damals nicht gerne gesehen, Ende der Siebziger Jahre, dass man hier, im Golf von Castellamare, ein Naturreservat errichten wollte. „Aber dann haben wir doch gesiegt. Einmal veranstalteten wir einen Marsch, 80 Leute ungefähr, demonstrierten gegen die touristischen Projekte der Baubranche", sagt der Sänger. Der Wanderweg führt absteigend durch einen kurzen Tunnel, breit und hoch wie ein Strassentunnel. Danach aber wird er unvermittelt schmal, windet sich über Stock und Stein, immer steiler und spitzwinkliger, treppchenweise hinunter, hinunter in die erste Bucht dieses verlorenen Küstenstreifens. Dreissig Meter Kieselsteine und Sand, umarmt von steil abfallenden Klippen, und davor das Meer mit seinen sieben Blautönen, schaumlos, klar, sanft und lieblich unter den aufkeimenden Kumuli des Spätnachmittags. Weiter hinten, einen halben Wandertag und einige wunde Füsse nordwestwärts, folgen noch weitere Buchten, eine schöner und einsamer als die andere, Grotten mit Prähistorie, die Bergflanke voll von seltenen Pflanzen und Blumen. „Hoffentlich hat der Brand nicht zu fest gewütet", sagt der Sänger und fügt hinzu: „Im Hochsommer wären wir hier nicht ganz allein."
Ich erzähle ihm folgende Geschichte: „Vor sechs Jahren hast du uns, mir und R., diesen Platz empfohlen und den Weg hierher in allen Details beschrieben. Wir wählten dann die andere Richtung, zogen die kleinen Liparischen Inseln vor. Eine ganze Woche im voraus buchten wir die Pension, machten jeden zweiten Tag einen Kontrollanruf, aus Enna, Ragusa, Siracusa. Legten dann endlich in Salina an, ja, genau, die Insel des „Postino", auf der falschen Seite allerdings, mussten deshalb eine lange Taxifahrt über den Berg in Kauf nehmen, fünfzehn Nadelkurven, im Licht der untergehenden Sonne. Die Wirtin hatte uns betrogen, ihr Haus war belegt, voll von padanischen Yuppies, und wir mussten mit der Dependance vorlieb nehmen, eine zweckentfremdete Küche, Matratzen neben dem Herd, Kakerlaken auf dem Boden, und am nächsten Morgen nichts wie weg, fluchtartig zurück zum sizilianischen Festland. Zehn

Tage verbrachten wir dann in einem unauffälligen Küstendorf; jeden Tag 45 Minuten Wandern über unstabile Sandbänke, vorbei an kleinen Grotten voll von jüngster Geschichte, Spuren von sonntäglichen Feuerstellen, ganze Familienausflüge ausgeleert, liegengelassen. So zogen wir hinaus zu einem kleinen versteckten Meeresplatz, gewiss nicht ganz so postkartenreif und romantisch wie Lo Zingaro, aber wir waren mutterseelenallein und glücklich."

Pippo Pollina:
Ans Meer gehen: In der traditionellen Auffassung bedeutet das Unterhaltung, Sommerferien, ragazzi e ragazze, die sich verlieben, gelato, discoteca, Rimini, Riccione. Es gibt ein ganzes Familienritual für diesen Gang an den Strand; man bringt Sonnenschirme mit, Stühle und Tische, kiloweise Esswaren, ja selbst den Fernseher. Für ein solches Ritual ist die Geographie eines Ortes wie Lo Zingaro nicht geeignet, denn er ist umgeben von Felsen und Klippen. Um hierher zu gelangen, muss man eine Viertelstunde zu Fuss gehen, über einen steinigen, unebenen Pfad. Deshalb waren wir auch wenige Leute, die damals hierher kamen, als die Naturreservate gegründet wurden. Heute ist es anders, im Sommer ist Lo Zingaro gut besucht, keine Massen zwar, aber immerhin.

Benedetto Vigne:
Hier kommt der alte Widerspruch zum Ausdruck: Man möchte, dass alle Menschen die Schönheit des Ortes wahrnähmen. Andererseits wünschst du, der Einzige zu sein, der sie kennt, denn wenn alle herkommen, geht die Schönheit verloren ...

Nein, der Ort bleibt schön. Wenn die Masse genügend Sensibilität besitzen würde, die Bedeutung solcher Plätze zu verstehen, dann würde sie bei sich zu Hause ähnliche Plätze einrichten. Das ist ja das Elend: die Mehrheit interessiert sich für andere Werte, erhebt sie zum Ausdruck ihres Geschmacks, ihres schlechten Geschmacks meiner Meinung nach. So gibt es entlang der ganzen italienischen Küste, unabhängig von der Frage nach einem sauberen oder verschmutzten Meer, nur noch wenige Kilometer, die so schön und unberührt geblieben sind wie Lo Zingaro.

In der Musik gibt es auch „Plätze", die man als Schutzzonen deklarieren müsste. Sollten diese Plätze eines Tages von den Massen erobert werden, ist die Gefahr gross, dass sie unter dem Ansturm Schaden erleiden. Pippo Pollina ist vielleicht auch so ein „Plätzchen", wo sich nicht jedermann hinsetzen darf.

Ja, zum Glück ...

Oder anders ausgedrückt: Hast du keine Angst davor, dass der Erfolg dich kompromittieren könnte?
Was soll ich dazu sagen? Ich habe nie Musik gemacht, um zu spe-

kulieren. Wenn ich eines Tages nicht mehr Freude an diesem Beruf habe, werde ich als Wurstwarenhändler oder Mechaniker arbeiten. Ich hatte bisher das Glück, das zu tun, was mir gefällt und sogar davon leben zu können. Müsste ich eine Einheitssprache finden, um möglichst viele Leute anzusprechen, wäre das für mich erniedrigend. Man hat es mir aufzudrängen versucht, mit interessanten finanziellen Aussichten sogar. Ich glaube, in meinem Innersten könnte ich das Abkommen, das ich mit mir geschlossen habe, nicht brechen. Ich könnte, wie ich schon gesagt habe, diese Figur gar nicht spielen, ich würde ein lächerliches Bild abgeben. Jenem berühmten deutschen Plattenverleger, der mir einst vorschlug: „Wir wollen eine neue Gianna Nannini aufbauen", habe ich geantwortet: „Vai a cagare".
Anderseits, die Welt ist gross, es gibt so viele verschiedene gemeinsame Sprachen, solche, die tausende einbeziehen, solche, die nur zehn einbeziehen ... Es ist schwierig, heutzutage ein solches Gespräch zu führen. Es gibt so viele Bands, es gibt so viele musikalische Wirklichkeiten, es gibt Gruppen, die eine CD für 30 000 Franken produzieren; meine Produktionen sind inzwischen bedeutend teurer. Die Tatsache, dass ich bis heute zu tausend Promille alles selber entscheiden konnte, grenzt an ein Wunder. Niemand hat mir je gesagt, wie ich zu musizieren habe. Ich weiss allerdings nicht, wie lange es so weitergehen kann. Solange ich nur je 15 Tausend Exemplare verkaufe, wie bei den letzten zwei Platten, ist es schwierig, Partner zu finden, die mich unterstützen wollen.

Auch du wirst diesen gegensätzlichen Kräften nicht ausweichen können. Einerseits willst du möglichst deine künstlerische Integrität bewahren, anderseits musst du eine gewisse marktgerechte Verfügbarkeit an den Tag legen können, Werbung machen, dich in bestimmte Kleider stürzen. Und ich denke dabei nicht an die extremen Beispiele, die du schon erwähntest, an den trendigen Haarschnitt oder an die männliche Gianna Nannini. Innere Konflikte können bei einem Künstler schon früher einsetzen. Zum Beispiel beim Thema Videoclips ...

Hat mir noch kein Kopfzerbrechen verursacht – weil ich noch nie eins gemacht habe. Aber das ist nichts Entwertendes. Es gibt ja auch sehr schöne Clips. Was ist denn ein Videoclip? Es ist nichts anderes als ein weiteres Werbemittel. Es bedeutet nur, es ist ein neues Album von Hinz, eine neue Single von Kunz erschienen; du siehst Hinz mit dem Mikrofon herumalbern und Kunz unter dem Vollmond singen; und sollst dazu animiert werden, ihre neue CD zu kaufen. Ein Clip hat dieselbe Funktion wie ein Plakat, ein Radiointerview, ein Fernsehauftritt. Ich tue es, weil ich an meine Sache glaube, und ich lade damit die andern ein, mir zu folgen.

Und du würdest es tun, auch wenn die Sache umstritten oder bedenklich wäre?

Es hängt immer davon ab, wie sie gemacht ist. Einmal wurde mir vom Fernsehen Montecarlo angeboten, an einem Ralley-Festival mitzumachen. An jedem Etappenende sollte ein Interpret aus dem Wagen steigen und ein Lied singen. Ich fand es geschmacklos und verzichtete. Es gibt ein Lied von mir, Seconda Republica, in dem ich alle dazu auffordere, das verblödende Fernsehen abzustellen. Wenn ich das Lied vor Publikum ankündigte, gab es auf der Stelle einen spontanen zustimmenden Applaus, dem ich dann aber unvermittelt und beiläufig die Bemerkung anfügte, dass ich das Lied morgen live bei RTL präsentieren würde. Wie Einstein schon sagte, das Fernsehen an sich ist nicht schlecht, es kommt nur darauf an, wie du es anwendest, welchen Stellenwert es in deinem Alltag einnimmt.

Du würdest dich auch nicht scheuen, am Schlagerwettbewerb von San Remo teilzunehmen?

Im Gegenteil. Mein neuer italienischer Mittelsmann und Produzent Vince Tempera präsentiert eines meiner Lieder für die Vorselektion des kommenden Jahres.
Schau mal, es reden alle schlecht über San Remo, und doch gehen alle hin. Lucio Dalla hat mehrmals dort gesungen, Alice hatte dort ihren Exploit, Enzo Janacci, der sarkastische Mailänder Musikkabarettist und Chirurg, kehrt alle Schaltjahre wieder mal nach San Remo zurück. Man kann dieses Festival auch nicht unbedingt mit der ZDF-Hitparade oder mit dem Grand Prix d'Eurovision vergleichen. San Remo ist seit 45 Jahren das Stelldichein der klassischen Canzone Italiana – mit allen qualitativen Schwankungen, die ein solcher Anlass in sovielen Jahren durchmachen kann. Am Schluss jedoch zählt immer das Lied; du musst ein gutes Lied präsentieren; du musst deine Musik verantworten können, nicht den Auftritt.
Es ist wie bei den Videoclips: Wenn ich das singen darf, was ich

will, was für Probleme habe ich dann noch? Dazu ist es eine einmalige Chance, immerhin verfolgen 20 Millionen den Anlass am Bildschirm. Ich bin inzwischen nicht mehr der Jüngste; ich kann nicht nochmals dieselbe Aufbauarbeit verrichten, die ich in den deutschsprachigen Ländern leistete, 10 Jahre unterwegs von Loch zu Loch, in den kleinsten Käffern auftreten, vor 40, 50 Personen. Wenn ich also die Gelegenheit bekomme, vor so vielen Leuten zu spielen, nütze ich sie auch.

Gewissermassen ein Werbeauftritt in eigener Sache. In der aktuellen modernen Populärmusik ist der Anteil der Werbung beinahe nicht mehr aufzuschlüsseln. Von deinem kommenden Album wirst du mit Sicherheit ein Stück als sogenannte Single auswählen und veröffentlichen; die Single ist doch dazu da, dem Radio-DJ die Auswahl zu erleichtern und deine Präsenz am Radio auf möglichst wenige, wiedererkennbare Töne zu konzentrieren – sie wird zum Werbespot. Wenn aber das Lied bereits der Werbespot ist, worin besteht dann das Produkt, für das es wirbt? Ich hab mich schon mehrmals bei der Frage ertappt: Wo steckt der Kern der Sache? Was ist nun das Produkt, das feilgeboten wird: der Sänger Michael Jackson, sein neuestes Album, seine Live-Show oder das T-Shirt mit dem aufgedruckten Tournee-Plan?

Es ist von Fall zu Fall verschieden; bei manchen Künstlern ist wohl die Aussage der Kern der Sache. Die Industrie interessiert das freilich einen Scheiss. In den 70er Jahren, während der Hochblüte der Cantautori, sang der damals sehr beliebte und erfolgreiche Claudio Lolli über seine eigene Plattenfirma: „Alla EMI sono tutti scemi – bei der EMI sind alle Affen." Lolli verkaufte 100 000 Platten und die EMI lachte sich ins Fäustchen. Was zählt sind nur die Zahlen, die Abrechnungen, das Plus, das Minus. So sind die Gesetze des Marktes.

Das Schöne daran ist aber, dass es auch in diesem Bereich alle 10 Jahre zur Revolution kommt, zum Paradigmensprung, der sämtliche Rechnungen und Prognosen der Industrie über den Haufen wirft; denk an Phänomene wie Nirvana, denk an die Berner Patent Ochsner, die keinen Vertrieb für ihr erstes Album finden konnten, und heute zu den erfolgreichsten Schweizer Bands gehören. Und in einem gewissen Sinn kann man auch Pippo Pollina dazu rechnen; auch du hast etwas erreicht, was niemand für möglich gehalten hätte.

Insbesondere in den deutschsprachigen Ländern. Unter diesem

Aspekt bin ich wohl eine Ausnahme – wenn man von Schlagerfiguren wie Francesco Napoli absieht.

Wenn du damals vor 15 Jahren in Palermo gesagt hättest: ich möchte die Karriere eines Cantautore machen, aber ich werde sie in der Schweiz starten, da hätten sie alle gesagt: „Ma tu sei matto". So hast du auch, gewollt oder nicht, bewiesen, dass man nicht immer den üblichen Weg gehen muss, um sein Ziel zu erreichen.

Eine Zeit lang sang ich ein Lied nach einer Fabel des römischen Dichters Gianni Rodari, das Lied eines jungen Krebses, der im Gegensatz zu den normalen, rückwärts krabbelnden Krebsen, vorwärts sprang. Es war auch eine schöne Metapher für den damaligen Zustand in Palermo, wo jedermann sich von der Menge leiten liess. Es ist nicht so, dass ich aus lauter Lust zum Widerspruch anders handelte; ich dachte anders und ich wusste, dass es auch andere Erfahrungen gab; dass der Weg, den ich einschlug, der richtige war. Auch wenn alle Freunde damals sagten: du irrst dich.

Eine Ausnahme stellst du aber auch in Schweizer Hinsicht dar; mittlerweile gehörst du zu den erfolgreichsten Rockmusikern der Stadt Zürich. Keiner deiner Zürcher Kollegen kann sich rühmen, eine vergleichbare Anhängerschaft in Deutschland und Österreich zu besitzen.

Die Stadt Zürich habe auf diesem Gebiet enorme Schwierigkeiten, wertbeständige Figuren hervorzubringen, gestand mir einmal die Frau, die zuständig ist für die Verteilung öffentlicher Gelder im Bereich Rockmusik. Vielleicht fehlt hier tatsächlich eine sprachliche Identität, vielleicht fehlt schlicht die entsprechende Tradition. Es gibt objektive Schwierigkeiten; so sehr Ihr auch etwas unternehmt, die einheimische Musik zu verbreiten, schmackhaft zu machen, eine Nachfrage für eine Musik „Made in Switzerland" mit einer Sprache „Made in Switzerland" besteht anscheinend nicht. Es ist nicht vergleichbar mit der französischen Musik in Frankreich, mit der italienischen Musik in Italien. Als ich damals hier in Palermo noch Radio hörte, waren 80 Prozent der Musik italienisch ...

Gewiss gibt es eine Nachfrage; sonst würde man nicht 100 000 mal Züri Wests „I schänke dr mis Härz" kaufen. Das Problem ist, dass viele gute, talentierte Sänger und Songwriter sich nicht trauen, in ihrer Muttersprache zu singen; sie geben dies sogar zu. Wobei sich das nicht ausschliesslich auf die deutsche Schweiz beschränkt. Bei einem Interview gestand mir neulich eine Rockband aus der Romandie: "Um Französisch zu singen, müssten wir eine grosse Hemmschwelle überschreiten." Amerikanische Gruppen kommen nie in die Lage, solches sagen zu müssen. Darum sind sie auch "besser"; sie sind stets schon eine Stufe, beziehungsweise eine Schwelle voraus.

Ich verstehe nicht, warum man eine Schüchternheit überwinden muss, wenn man in der eigenen Sprache singt. Das scheint eine sehr schweizerische Eigenart zu sein. Aber auch die Medien behandeln die Mundartmusik stiefmütterlich. Es geht nicht darum, chauvinistisch zu sein; die einheimische Kultur kann mithelfen, der internationalen gegenüber eine kritische Haltung zu entwickeln. Denn nicht alles, was von aussen kommt, ist gut, und nicht alles was daheim gewachsen ist, ist schlecht. Ich hab das einmal in einem Lied ausgedrückt, ein Stück, das nie auf Platte erschienen ist und den Titel „Giornate in rosso crociato" trägt. Es geht um einen Italiener der Seconda Generazione, der immerzu über die Schweiz lamentiert; er ist zwar assimiliert, spricht nur schlecht italienisch, redet aber die ganze Zeit davon, in sein Vaterland zurückkehren zu wollen. Er tut es dann doch nicht, weil es ihm in der Schweiz zu gut geht. Sein Freund Ruedi hingegen, ein Schweizer, liebt seine Heimat gar nicht. Er schwärmt von Afrika, er kennt den schwarzen Kontinent wie seinen eigenen Hosensack, war überall von Marokko bis Madagaskar; er wohnt in Zürich, hat aber noch nie Adliswil gesehen, es kümmert ihn überhaupt nicht, was vor der Haustüre geschieht. Ruedis Haltung regt den Secondo schliesslich dazu an, die Schweiz richtig zu entdecken ... Was sonderbar ist, wenn es jemanden gibt in der Deutschschweiz, der keine Hemmungen hat, dann am ehesten der Zürcher. Unter diesem Aspekt gibt er sich geradezu arrogant ...

Aber du weisst doch, dass Arroganz oftmals auch eine Form von Schutz sein kann, von Abwehr ...

Bestimmt. Als ich im Jahr 1991 eine ganze Woche im Hechtplatz-Theater auftrat, eröffnete ich die Show mit einem fiktiven Spaziergang durch die Stadt Zürich: Der Zürcher begnügt sich nicht, Schweizer zu sein, denn er wohnt in einer Weltstadt. Zürcher Bands werden nie Patent Ochsner, Züri West oder Tschou Zäme! heissen wie in Bern, sondern Baby Jail, Female Trouble oder

Intergalactic Maiden Ballet. Es gibt eine Verachtung für das, was man ist. Es fehlt nicht nur der Glaube an sich selbst, es fehlt die Leidenschaft, das Feuer, es heisst ständig: „Das hämer scho gseh, das hämer scho ghört". Der Zürcher hat alle Früchte der Welt gegessen, ohne je selber eine davon gezüchtet zu haben. Vielleicht sind das etwas harte Worte ... Wenn meine Kinder einmal grösser sind, möchte ich mit ihnen das Haus von Max Frisch besuchen; dieser grosse Schriftsteller symbolisiert für mich die Suche nach einer Identität. Mein Wunsch wäre, meine Kinder würden als teilnehmende, partizipierende Zürcher heranwachsen. Sie sollen die Geschichte dieser Stadt kennenlernen, sollen wissen, dass Zürich einmal eine römische Stadt war. Ich war übrigens sehr erstaunt, als ich vor Jahren feststellte, dass viele meiner Zürcher Bekannten nichts über die alten römischen Bäder wussten. Und dass man die Reste dieser Bäder noch heute sehen kann.

Wo kann man sie denn sehen?

Du kannst buchstäblich darüber laufen, ein Strässchen in der Nähe des Frauenmünsters, du läufst über eine Glasplatte, und darunter sind die alten Mauerwerke sichtbar.

Ich möchte deine Aussagen relativieren: Wie du Palermo gestern als eine Stadt der Abreisenden bezeichnetest, so kannst du Zürich als eine Stadt der Ankömmlinge ansehen. Viele deiner Zürcher Freunde stammen gar nicht aus der Stadt; in der Musikszene, in der Kulturszene überhaupt, verkehren sehr viele Leute, die hier nicht verwurzelt sind, und deshalb weder den Wissensstand noch das Bewusstsein eines „echten" Zürchers besitzen. Ich erinnere mich, als ich in den 70ern nach Zürich kam, kannte ich lange Zeit nur wenige Leute, die in der Stadt aufgewachsen waren. Ich hatte dabei lange Zeit das Gefühl, dass diese „Eingeborenen" in ihrer Sprache und ihrem Verhalten einen besonderen Code hatten, den ich nicht verstand; sie hatten einen Vorsprung in Bezug auf den Ort, auf seine jüngste Geschichte. Anderseits muss man sehen, dass es gerade viele Zugewanderte sind, die die städtische Kultur bereichern: der Buchverleger Ricco Bilger ist ein Walliser, der freie Theatermacher Federico Pfaffen ist Bündner, der Chansonnier Michael von der Heide kommt vom Walensee, die Kabarettistin Dodo Hug vom Bernbiet. Und der Cantautore Pippo Pollina ist Palermitaner. Allerdings beschäftigt er sich ernsthaft mit dem Gedanken, wieder nach Sizilien zurückzukehren.

In erster Linie geht es mir darum, in Italien künstlerisch Fuss fassen zu können. Ich habe bereits einen Produzenten gefunden, ich bin in Gesprächen mit Plattenverlagen, eines meiner Lieder ist in San Remo angemeldet. Sollte ich diese Vorausscheidung nicht schaffen, würde es mir nicht das Gefühl geben, ich sei dem nicht gewachsen, ich wäre jedenfalls nicht deswegen enttäuscht. Die Ambition hingegen ist vorhanden, weil meine Sprache eben ausgesprochen vielschichtig ist und ich manchmal die Grenzen spüre, denen meine Musik im Ausland ausgesetzt ist. Das italienische Publikum versteht eher, was ich sagen will, bei dem deutsch-sprach-igen fehlt diese unmittelbare Beziehung, da funktioniert der Para-meter der Mitteilung auf einer ganz anderen Linie, die auch schön und interessant ist – die emotionale. Und die zieht ein ganz spezifisches Publikum an, eine Tatsache, die mich manchmal auch bestraft.

Gerade dort droht die Gefahr, dass du vom Klischee eingeholt wirst – und man muss dabei nicht einmal an Tingelsänger wie Francesco Napoli denken, es reicht auch das Phänomen Eros Ramazzotti, um dies zu illustrieren: es gibt eine Art von verklärter, überzeichneter Italoromantik, zu der selbst intellektuelle, aufgeklärte Menschen sich hinreissen lassen. Auch die Figur Pippo Pollina dient gelegentlich als Nährstoff für ein solches Gefühl.

Mag sein. Umberto Savolini, Journalist beim „Corriere del Ticino", hat mich einmal gefragt: „Kannst du mir erklären, warum man dich hier unten nicht kennt, in der Deutschschweiz dafür umso besser?" Und ich antwortete: „Die drüben verstehen eben die stronzate, die Dummheiten nicht, die ich singe ..."

Nun, es wird wohl nicht so schlimm sein ... Gibst du deine Texte nie zum Gegenlesen? Hast du so etwas wie einen Supervisor oder Lektor?

Mein Bruder Massimo hilft mir gelegentlich. Auf dem neuen Album hat er sogar zwei Texte mitverfasst. Er ist der Einzige, dem ich eine Supervision zutraue. Auch weil es in der Schweiz sehr schwierig ist, jemanden zu finden, der meine Texte lektorieren könnte. Massimo indessen ist kompetent. Und er ist sehr kritisch. Er lässt praktisch alle meine Lieder zuerst durchfallen. Als er das erste Mal „Dimenticare Marina" hörte, mäkelte er lange am Text herum, es machte ihn richtiggehend schifo: „Ach, muss das sein?"

Mit der Zeit gewöhnte er sich an das Lied, fand schliesslich Gefallen daran.

Wie schreibst du deine Lieder?

Ich schreibe meistens Text und Musik gleichzeitig. Das perfekte Lied ist dasjenige, das in seiner Gesamtheit entsteht; dasselbe Gefühl, das dir ein bestimmtes Wort einflösst, vermittelt dir auch den passenden Ton dazu. Derselbe Beweggrund, der dich veranlasst das Wort „pietra" zu schreiben, wird dich auch dazu leiten, diesem Wort eine spitze oder stumpfe Note zu verleihen, eine fröhliche oder eine traurige Melodie, Dur oder Moll. Daher sind meiner Meinung nach die schönsten, gelungensten Lieder jene, bei denen Wort und Musik gleichzeitig entstehen. Natürlich schreibe ich manchmal einen Text, den ich erst nachträglich vertone, oder umgekehrt; vielleicht kommt etwas brauchbares heraus, es ist jedoch nicht die ideale Bedingung.
Es war für mich sehr interessant zu sehen, wie meine Kollegen in dieser Hinsicht arbeiten. Moustaki, Wecker, Linard Bardill oder Büne Huber von den Patent Ochsner komponieren mit derselben Technik; sie teilen das Lied metrisch in Silben auf und weisen jeder Silbe einen eigenen Ton zu. Es ist eine sehr schematische, beinahe mathematische Arbeit, die bei mir meist erst in der Schlussphase eintritt, wenn ich an der Komposition feile. Dass sie diese Feinarbeit schon zu Beginn machen, hat mich tief beeindruckt. Es kommt selten vor, dass ich beschliesse, ein Lied zu schreiben, mich hinsetze und es klappt; meistens habe ich eine Inspiration, und dann muss ich sofort die Gitarre zur Hand nehmen und die Idee festlegen, bevor sie wieder entschwunden ist ...

...um nie wieder zurückzukehren.

In der Tat, eines meiner erfolgreichsten Stücke, „Amici di ieri", ein Liebeslied, das auf dem Album „Montsegur" im Duett mit Vera Kaa gesungen ist, entstand während den Proben mit Tamara de Vito. Wir sangen ein ganz anderes Lied, da schoss mir unvermittelt diese Melodie durch den Kopf, ta ta re te re te, „Scusami, Tamara", sagte ich, „ich muss die Melodie sofort auf Band festhalten, sonst vergesse ich sie." Nicht immer kannst du von einer solchen Situation profitieren. Mal bist du im Bus oder in der Tram, siehst eine Szene, zum Beispiel einen afrikanischen Blumenmann, der einem Pärchen eine Rose verkauft, und er holt ein Blatt aus der Hosentasche und widmet dieser Rose ein Liebesgedicht ... Und du selbst hast nicht einmal ein Papierfetzchen dabei, um diese spontane Beobachtung festzuhalten.

Wie zeichnest du daheim auf?

Auf einer achtspurigen Fostex-Maschine spiele ich die Grundspuren mit Klavier oder Gitarre ein; ich arbeite vollständig akustisch, ohne Computer; der Groove kommt von allein, durch den Rhythmus der Gitarre. Die Arrangements folgen später. Vor einigen Jahren kaufte ich mir Synthesizer, Elektrodrums, Sampler, Expander, einen Haufen Soundmaschinen, und dann bemerkte ich, dass dies alles die Kreativität raubte; ich konzentrierte mich zuviel auf die technischen Aspekte. Wenn die Grundidee fehlt, wenn du keine melodische Idee hast, keine harmonische Idee, nichts zu erzählen, dann kannst du alle Instrumente dieser Welt besitzen, es kommt nur heisse Luft raus ... Und dann habe ich begriffen, dass die Technik nicht mein Beruf ist. Mein Beruf ist das Schreiben; Ideen sammeln, Lieder schreiben, Melodien, Harmonien, Texte. Diese Basis zeichne ich auf und gebe sie einem andern zur Ausarbeitung ...

Du sagtest vorhin, bei deinen Liedern enstehen Text und Musik immer gleichzeitig; ich habe manchmal jedoch den Eindruck, es sei der Text vorher da gewesen.

Nein, es ist nicht so. Eher das Gegenteil ist der Fall.

Aber ich weiss auch woher dieser Eindruck stammen könnte; es ist eine Art akustische Täuschung, die auf deine Abneigung für den Ritornello, den Refrain, beruht. Deine Lieder stehen nämlich dem lyrischen Gedicht näher als dem klassischen Volkslied, das ja ausgesprochen vom Refrain lebt ...

In der Tat gibt es einige Lieder, bei denen der Refrain vollständig fehlt. Es gefällt mir, ein Lied nicht nach der traditionellen Form Intro – Strophe – Refrain – Strophe – Refrain zu strukturieren. Manchmal kann es reizvoll sein, nacheinander vier Strophen zu singen und erst dann aufzuschliessen, einen einzigen Ritornello anzuhängen und fertig ist das Lied, wie etwa in „Pagine di mare". Aber du hast wohl recht, ich war nie besonders stark in den

Refrains; ich habe immer Angst, ins Banale abzugleiten, Angst, damit den Text zu erniedrigen. Angst vor der Melodie, die dich packt und dich nie mehr loslässt. Vielleicht ist es falsch ...

Dasselbe Phänomen kann man auch bei anderen Liedermachern beobachten, bei Herbert Grönemeyer etwa, oder auch bei Züri Wests Kuno Lauener; wenn auch bei jedem die Gründe verschieden sein dürften, sie alle scheinen dem Refrain davonzulaufen. Vielleicht ist es auch die Angst vor der Magie; die stete Wiederholung einer Phrase hat magische Kräfte, der Refrain ist wie ein Zauberspruch, wie ein Mantra. Es gibt ja auch eine Banalisierung im positiven Sinn; du kannst durch Wiederholung die Sprache ihrer Bedeutung berauben, alle störenden Konnotationen und schlechten Vibrationen wegzaubern. Man muss Wörter, Namen, Silben wiederholen, bis sie von alleine klingen. Und so kann man auch die Ängste überwinden.

Übrigens, hast du bemerkt, zusammen mit unserem Gespräch hast du auch das Meeresrauschen aufs Band aufgezeichnet!

Natürlich, habe ich. Wir sind wieder beim „Postino" angelangt ...

Pippo und Salvo Costumati

VII. Monreale

Ein alter Mann, weisshaarig, weissgewandet, sitzt vor dem üppigen Weinstock und presst mit beiden Händen die Reben. Sein Blick ist konzentriert. Reichlich fliesst das Nass in die Schale. Später sieht man den Mann hingelegt, den Kopf auf dem Ellbogen gestützt, eingenickt offensichtlich, eine Steingutflasche an der Seite und das weisse Gewand hochgeschoben bis zum Bauchnabel. Ein junger Mann in grünlichem Kleid steht unmittelbar hinter ihm, er hat dümmliche Gesichtszüge und einen ungelenken Arm. Sein Finger zeigt auf die Blösse des alten Mannes, die ihrerseits, an der entscheidenden Stelle, von einem dunklen Tuch verdeckt wird, das zwei andere Männer beschämten Blickes vor sich hingestreckt halten – so wie Matadoren vor dem Stier. Die Faltenwürfe sind farblich abgestuft, die Hügelwellen der Landschaft auch. Der Himmel dahinter ist golden. Vielleicht sind es auch die Träume des betrunkenen Noah.

Eine andere Szene zeigt einen zornigen Mann mit elegantem blauen Überwurf, mächtiger Aureole um den Kopf und halber Levitation im Schritt. Mit der rechten Hand schwingt er eine kleine Peitsche, mit der linken stösst er einen kubistischen Tisch um. Ein Beutel mit Goldstücken und andere Kostbarkeiten fliegen durch die Luft, zwei Rinder und vier Schafe stieben ängstlich davon. Die drei Händler auch. Der Tempel ist mit einem Baldachin angedeutet, die vier tragenden Säulen abwechselnd mit vertikalen oder spiralförmig geschwungenen Kanneluren versehen. Ähnlich wie diejenigen, die wir vorhin im grossen Kreuzgang bewunderten. Und auch auf diesem Bild ist der Hintergrund golden, Gold in Hülle und Fülle, Gold überall. Unzählige Steinchen, Millionen vielleicht, verteilt auf sechstausend Quadratmetern und Hunderten von Szenen einer triumphalen Religionsgeschichte. Byzantinische Bibelclips in Monreale. Alle Details kann man nicht erfassen, nicht mit einem Besuch, nicht mit zweien. Die kleine Martorana-Kirche unten, an der Seite der Maqueda-Strasse, mit ihren drei neckischen, abrupten Stilschnitten quer durch den Bau, Koransuren in den Säulen, „Allahu akbar", Zeugen einer toleranten Zeit, sie hatte uns, sechs Jahre ist es her, weit besser gefallen. Gewiss, wir waren damals in die Scheinwerfer eines Hochzeitvideos reingeplatzt; so sind uns jene Mosaike viel goldiger in Erinnerung geblieben.

Komm, lass uns an den Strand zurückfahren. Sandkörnchen zählen. Meeresbrisen schnappen.

Benedetto Vigne:
Ich möchte abschliessend auf deine Lieder eingehen, angefangen bei deiner ersten Kassette. „Aspettando che sia mattino" – der Titel klingt wie eine Anspielung auf das Warten vor der grossen Abreise ...

Pippo Pollina:
Es sind tatsächlich alles Lieder, die zwischen '83 und '86 komponiert wurden; geprägt vom damaligen Alltag in Palermo, von den urbanen Themen, die mich beschäftigten. Es sind sehr klassische Lieder, melodisch, einfach, unbedarft in der Ausführung, die Aufnahmen unplugged, ohne Firlefanz. Vielleicht war die Kassette darum auch so beliebt; nachdem sie vergriffen war, legten wir im Januar 1994 „Aspettando che sia mattino" als CD wieder auf, unberührt und ohne Remastering, also in der Originalversion von 1986. Es gibt zwei Duette mit Linard Bardill. Darunter die berühmte „Favola di Fido", die als Abbild verschiedenster Figuren entstanden ist. Fido ist die Geschichte eines streunenden Hundes, der seit Menschengedenken im Dorf lebt, aber niemandem gehört. Eines Tages läuft der Hund davon und kehrt nicht wieder zurück; jetzt erst beginnen die Leute des Dorfes den Hund zu vermissen. Sie suchen ihn überall; vergebens, sie werden ihn nie wieder finden. Es ist eines der beliebtesten Lieder meines Repertoires.

Eine klassische Tierfabel, die auf einen Menschen übertragbar ist ...

Dann gab es das für mich sehr wichtige Lied „Per un amico"; es ist der Abschied von der Stadt Palermo, der metaphorisch auf die Figur eines Freundes übertragen wird. Der Freund hat beschlossen, wegzuziehen; ich kann diesen Entschluss nicht teilen und werde nostalgisch.

Eine Metapher?

Am Schluss ist es doch eine wahre Geschichte. Der Freund existiert tatsächlich, aber in die Metapher habe ich, ohne es bewusst zu wollen, mich selbst hineinprojiziert. Von Freundschaft handelt auch das Titelstück; „Luntanu" hingegen ist ein Liebeslied im sizilianischen Idiom; es ist das einzige Lied auf Sizilianisch, das ich je auf Platte herausgebracht habe.

Warum ist es bei diesem einzigen geblieben?

Ich habe mich vom Dialekt entfernt, ich spreche ihn nicht mehr, seit ich weggezogen bin, für mich ist das Sizilianische eine passive Sprache geworden. Ich habe es zwar einige Male versucht, aber es kommt nichts gutes dabei heraus.

Du würdest wohl auch riskieren, ins Folkloristische abzugleiten. Was ist mit „Ci vorebbe un'idea", das da entfernt an einen Titel von Antonello Venditti erinnert, „einen Einfall sollte man haben"? Bezieht es sich auch auf eine konkrete Begebenheit von damals?

Ein sehr rhythmisches Stück. Und auch ein ironisches: Das Lied entstand in Österreich, als ich mit Hugo Viggiano als Strassenmusikant unterwegs war. Ich schrieb es in einem Ferienort in Kärnten, in Velden-Portschach, als wir dort in einem Luxushotel spielten. Der Besitzer hatte uns in Wien auf der Strasse gehört und darauf für ganze zwei Monate engagiert, für 1500 Schilling pro Abend. Nach zwei Wochen ergriffen wir buchstäblich die Flucht. Wir hielten es nicht mehr aus, es war derart erniedrigend, jeden Abend für Franz Klammer, Niki Lauda und ... Falco zu spielen. Weisst du übrigens, in Deutschland haben meine geschäftlichen Kontaktpersonen zur Zeit etwas Mühe mit der Vorstellung, dass mein neues Album „Il giorno del falco" heissen sollte. Sie befürchten falsche Assoziationen beim Publikum ...

Da kann man nur antworten: „E allora vai!"

Das war das Lied, das ich im Duett mit Rosy Wiederkehr sang. Das Schicksal will, dass dieses Mädchen zehn Jahre später nach Italien auswandert und dort zu musizieren beginnt, ausgerechnet bei meiner Ex-Band Agricantus. Roba da matti. Immerhin kann man sagen, dass der Weg, den ich gegangen bin, auch in der Gegenrichtung möglich ist.

Nun zu deinem zweiten Album „Sulle orme del Re Minosse "– „Auf den Spuren des König Minos". Wir haben zwar schon einiges über den Inhalt gesprochen. Vielleicht könnten wir etwas zur Musik hinzufügen?

Das Album entstand Hals über Kopf; ich erfuhr plötzlich vom Förderpreis des Schweizer Radios; als ich ins Studio Zürich zur

Aufnahme ging, hatte ich nur acht Lieder parat. Es ist darum auch numerisch ein beschränktes Album geworden. Auf der Bühne spiele ich nur selten Stücke daraus, mit Ausnahme von „Pagine di mare", das auch das beliebteste dieser CD ist. Einige habe ich in der Tat noch nie live gespielt.

Man könnte also sagen, „Sulle orme del Re Minosse" ist auch musikalisch ein esoterisches Werk?

Vielleicht. Jedenfalls war es ein konfuses und unreifes Album. Ich glaube, dass das Publikum ziemlich schockiert vom Unterschied zur vorhergehenden Kassette war; wenn du die beiden Werke vergleichst, ist es wie Tag und Nacht.

Man muss freilich das Album nicht kleiner machen, als es ist; es besitzt ja auch eine abenteuerliche Seite, die sich sehr reizvoll anhört. Es gibt da einige ambientale, technoide Zwischentöne, die heute geradezu aktuell wären.Vermutlich ist es dein riskantestes Werk überhaupt, musikalisch unerwartet, nicht voraussagbar ...

Ist nicht ganz unwahr. Es gibt sehr seltsame Stücke drauf. Zum Beispiel das Titelstück, es beginnt mit einem vollelektronischen Intro, hat gar kein Refrain. Oder auch „Et in arcadia ego", mit diesem funkigen Unterbau und dem sonderbaren Text. Ich strebte etwas an, wofür ich eigentlich die Erfahrung gar nicht hatte.

Auf dem Album sind aber auch andere, weniger esoterische Lieder?

„Radio Guevara" ist das Lied über eine gebrochene Generation – meine Generation, die zwischen Stühlen und Bänken gelandet ist, die durch keine einheitliche Bewegung zusammengehalten werden konnte und sich daher nach allen möglichen Seiten zerstreute. Ich spreche darin von einer Phantom-Station, die neue Ideen, Botschaften hätte aussenden können; eine Radiostation, die in Palermo nie existiert hat.

Und die restlichen Lieder?

Das sind einfache Liebeslieder, Liebeslieder wie viele andere auch, „Non lo sai", „Notti bianche" oder „Se vuoi", dessen Refrain von Stefano Neri stammt. Allein „Pagine di mare" hat für mich eine tiefere, intimere Bedeutung; ein spezielles Liebeslied, gebunden an eine bestimmte Person, eine Jugendliebe ...

Mit dem nachfolgenden, dritten Album „Nuovi giorni di settembre", das im Sommer 1991 aufgezeichnet wurde, fühle ich mich bedeutend stärker verbunden. Es war, im Vergleich mit dem vorhergehenden, minutiöser geplant. Zudem ist es ein Album voller Erinnerungen. Es war das erste Resumée nach 5 Jahren Abwesenheit von Palermo. Einige Stücke sind mit Heimweh, mit nostalgia, behaftet, Kindheitserinnerungen und so. Das Titellied etwa, das Lied „Madre", oder, selbstredend auch, „Quando la luna costava dieci lire". „Al crepuscolo" – „In der Dämmerung", ebenfalls. Ein besonderes Lied ist in diesem Zusammenhang ist „Io, lei e Pietro"; es erzählt von Pietro Mennea. Weisst du, wer er war?

Nein, der Name sagt mir vage etwas ...

Weisst du, wer Michael Johnson ist?

Er rennt ...?

Er hat diesen Sommer in Atlanta sämtliche Rekorde des 200-Meter-Laufes gebrochen; seit Jahren wurden sie von einem Italiener gehalten: Pietro Mennea. Ich war ein grosser Fan von Mennea; er hat mich durch die ersten 20 Jahre meines Lebens begleitet. Dies ist also der Hintergrund dieses Liedes. Und dann gibt es „Dopo il concerto", das Lied, in dem ich mein Unbehagen am Ende eines Konzertes ausdrücke; wie ich mich komplett leer fühle, nachdem ich alles gegeben, und nichts dafür bekommen habe. Oder beinahe nichts. Ein Album, in das ich viele Gefühle hineingab ...

Es ist auch bedeutend stärker an deine Biographie angelehnt, spürbarer ...

Es ist auch in technischer Hinsicht besser herausgekommen als das Vorherige. Wir konnten den akustischen Fluss besser mit dem elektrischen koordinieren. Es machten eine ganze Menge Gastmusiker mit, und am Mischpult hatten wir einen der begehrtesten Toningenieure der Schweizer Szene der 80er Jahre, den Londoner Martin Pearson ...

Aber mir scheint, der Einfluss deines Bassisten und Arrangeurs Stefano Neri ist noch hörbar ...

Mit den Synthesizers, stimmt. Ein Aspekt, der mir eher missfällt; von diesem Zeitpunkt an, begann ich dieses Instrument zu hassen. Es hatte eindeutig zu viele Synthies in den Arrangementen. Stefano brachte zudem Sachen rein, die eben nicht ganz mein Ding waren, jazz-rockige Ausschmückungen à la Joe Zawinul und so. Aber es waren nur Nuancen, nur sfumature. Denn auf der Ebene der Akkorde sind die Alben doch sehr harmonisch; Dissonanzen als solche gibt es nur wenige, ausgesuchte, massgeschneiderte. Sfumature eben, Atmosphären ...

Haben wir ein Lied vergessen?

„Camminando". Es stammte noch aus jener Zeit, als ich in den Strassen spielte. Das Lied hat einen countryhaften Charakter, der diesen Geist der Strassenmusik einfängt. Ich schrieb es in einem Stück. Aber es gibt es einen Bruch zwischen dem Rest des Albums und diesem Schlusslied; es ist unplugged, die Gitarren rübergehängt und los, so wie es Minnesänger tun – eine Aufnahme von einem Konzert mit Linard Bardill in Brüssel.
Enstanden war das Lied kurz nach der Rheinkatastrophe von Basel, bei der das Löschwasser eines Chemie-Grossbrandes Tonnen von Gift in den Rhein geschwemmt hatte. Es gibt in der Anfangszeile ein Anspielung auf die Katastrophe; im Grunde ist es aber ein Lied über die Hoffnung, und das Publikum scheint es auf das eigene Leben zu projizieren. Der Applaus jedenfalls ist hier am grössten; „Camminando" ist mein Hit!

Das nächste Album war dann „Le pietre di Montsegur".

Es war das erste Album, das auch im Ausland herauskam. Auffallend sind die vielen Duette, mit Konstantin Wecker, Vera Kaa, Linard Bardill. Es gibt diesen Einstieg mit Tamara de Vito und einem klassischen Chor ...

Abenteurlich vielleicht auch dieses Album?

Ja, aber gewollt. Als ich ins Studio ging, wusste ich, was ich wollte. Es sollte, in Anführungszeichen, ein engagiertes Album werden. Ich war kurz vorher im Land des Languedoc gewesen, diese Gegend hatte mich fasziniert, mit all ihren Geschichten: Die Unterdrückung der Katharer durch die Kreuzzüge, die Belagerung und Zerstörung der Stadt Montsegur – ich verwendete diese Geschichte als Metapher, um damit ähnliche Situationen unserer Tage anzusprechen. Es war der Beginn des jugoslawischen Krieges, es schwelten die neuen Konflikte in Zentralafrika, überall in der Welt blutige Auseinandersetzungen. Meine Platte sollte von solchen

Pippo und Konstantin Wecker

Dingen sprechen. Und so habe ich Heimatlieder geschrieben, keine nationalistischen Lieder, keine Lieder über Zugehörigkeit, sondern über Herkunft. Allen voran „Terra", das Stück, das ich für das Duett mit Konstantin Wecker schrieb, wo wir beide etwas eigenes geben und versuchen, unsere Bindung, unser Verhältnis zum eigenen Land zu beschreiben, zu verstehen. Dann gibt es ein Freundschaftslied, Insieme, gesungen mit Linard; zwei Liebeslieder, „Ti ricordi" und „Amici di ieri". Dazu ein Lied, das ein Kind unserer Zeit ist: „Ehi che stress". Es ist übrigens das Lied, das mich endgültig in die Radioprogramme einführte; denn bis zu diesem Zeitpunkt wurde ich kaum gespielt. Hingegen mit diesem Stück, ich weiss nicht wieso ... Vielleicht ist Stress ein ausgesprochenes Argument für deutschsprachige Länder.

...und ein internationales Wort.

Jedenfalls war es das Album, in dem es am meisten externe Coautoren gab: die Texte von „Terra" und „Insieme" schrieb ich mit Linard; zwei Stücke komponierte ich zusammen mit Markus Kühne und Santino Famulari; der Text zu „Ne pas se pencher en dehors" enstand in Zusammenarbeit mit meinem Bruder Massimo ...

Ein sehr schönes Stück. Es versprüht ein gewisses Cinema-Verité-Gefühl mit den Bahnhofsgeräuschen am Anfang: Vorstandspfiffe, zuschlagende Waggontüren, der abfahrende Zug ...

Habe ich live am Bahnhof Zürich aufgezeichnet.

Dabei lautet die Durchsage „destinazione Donnafugata", die sizilianische Ortschaft, wo der Landsitz des Gattopardo in Lampedusas Roman liegt ...

Habe ich auch selber gerufen.

Ein weiteres Lied heisst „Sparviero", der Sperber; steht dieser Vogel als Allegorie für ein menschliches Wesen?

Ich würde sagen, nein. Das Lied ist aus einer ausserordentlich starken Inspiration heraus entstanden. Ich besuchte ein Konzert des Duos Famulari-Kühne im Zürcher Konzertlokal CaBaRe; sie spielten diese bestimmte Melodie, „taretate-ta-ta", ich war beeindruckt von der Schönheit des Zusammenspieles. Noch während des

Stückes begann ich, dazu einen Text zu dichten. In der Pause ging ich zu den beiden und erzählte ihnen mein Erlebnis. „Also spielen wir das Stück nochmals als Zugabe und du singst es mit", antworteten sie spontan. Wir taten es und es war ein sehr emotioneller Moment; ich improvisierte die Melodie und sang von diesem Raubvogel, der im Begriff ist, auszusterben; er steigt hoch und sieht die Welt von oben, er bemächtigt sich der Dinge, wird wieder Herr über die Natur, die ihm der Mensch genommen hat. Und dann fliegt der Sperber weiter, nur noch ein schwarzer Punkt, unsichtbar, so weit weg von uns ...

Das Lied hat wieder etwas von deiner okkulten Seite, die Suche nach dem Geheimnis des Lebens; überhaupt, es erinnern auch die mysterienreichen „Steine von Montsegur" an die „Spuren von König Minos".

Aber es gibt doch eine Wendung, die auf den Boden zurückführt, zu alltäglicheren, sozialen Themen. „Primo maggio" etwa, ein engagiertes Lied: Es erzählt vom Fest der Arbeiter, das praktisch nicht mehr existiert, vom Verlust der Utopie, „sie ist nicht mehr in diesem Haus, lasst uns auf den Markt gehen, uns ein wenig ablenken, diese Gesellschaft ist nicht einmal mehr imstande, uns dieses bisschen Illusion zu verschaffen" ... die Illusion des ersten Mai. Und dann gibt es noch „Lungo il fiume dell'innocenza", „Dem Fluss der Unschuld entlang", auch eines meiner Lieblingslieder, etwas Jazz-beeinflusst vielleicht, ein sehr persönliches Stück, ein Lied voll von sehnsüchtiger Wut, das in der letzten Strophe erzählt „wie ich es liebte zuzuschauen, wie die Züge abfuhren und Richtung Meer davonsausten".

Offenbar ein Lied, das deine Gefühle dir gegenüber behandelt, die Dinge in dir, die Unbehagen verursachen.

Ja.

Ich möchte kurz nochmals zum 1. Mai-Lied zurück: Das scheint mir ein Topos zu sein, den du gern aufsuchst; auf dem folgenden Album zitierst du eine Schlüsselzeile aus einer bekannten linken Hymne, „avanti popolo" – in jenem Lied, wo du das Fernsehen angreifst ...

Das ist aus „Bandiera rossa". Aber es ist ironisch gemeint. Als wir dieses Lied schrieben, im Jahr 1994, da sprach man in Italien über das Fernsehen noch nicht mit den heutigen Begriffen; ich begann erst später, die Kritik aus den intellektuellen Kreisen zu hören. In diesem Sinn habe ich die Diskussion quasi vorweg genommen - auch wenn es in Italien nie jemand erfuhr. Es war ja eine aussergewöhnliche historische Phase, als das Land, angetrieben von den sogenannten Tangentopoli-Skandalen und den grossen Attentaten in Sizilien, sich anschickte, sein Gesicht zu ändern. Aber es wurde dann allen klar, dass diese „Seconda Repubblica" genau wie die erste herauskommen würde, es würden einfach die Räuber ausgewechselt. In der Tat entdeckt man laufend neue Fälle von Korruption. Im gleichnamigen Lied bezog ich mich damals vor allem auf Berlusconi, der mit seiner Pseudokultur den ganzen Markt monopolisieren wollte, er gebärdete sich wie ein Napoleon. Wir können aber heute keine Napoleons mehr gebrauchen.

Wir sind also mittlerweile bei den „Dodici lettere d'amore" angekommen, dem vorletzten Album ...

Es ist ein musikalisch und aufnahmetechnisch ausgefeiltes, verfeinertes Album geworden. Das akustische Element gewinnt wieder Oberhand. Und es hat mich auch gereizt, einmal solche Sachen zu tun wie „La resa delle aquile", ein Instrumentalstück mit Streicherbegleitung, bei dem alle Partituren geschrieben werden mussten.

Wer hat sie geschrieben?

Ich selber, mit allen vier Händen; kein Notationscomputer, nichts.

Es fällt mir gerade auf, der Sperber vorhin, die Adler jetzt, und beim nächsten Album kommt der Falke ...

Ja, wir sind unter lauter Raubvögeln, aciddazzi, wie ich schon vorhin sagte. Ausserdem sind Vögel die Tiere, die ich am meisten liebe; sie können fliegen, diese Bilder der Freiheit ...

Ich las neulich eine Aussage von dir, diese „12 Liebesbriefe" wären lauter Lieder an Leute, die du liebst und an Leute, die du hasst ...

Ich würde eher sagen, sie betreffen Situationen von Liebe und Hass. Zum Beispiel das Lied, das Palermo gewidmet ist: Zehn

Jahre später schreibe ich nochmals ein Lied über meine Heimatstadt, das erste war „Per un amico" gewesen, jetzt heisst es „Per amare Palermo" und beschreibt ein Gefühl der Hassliebe. Dasselbe gilt auch für „Seconda Repubblica", meine ambivalente Beziehung zur italienischen Nation. Gewiss kommen auch Personen in den Liedern vor, eindeutig die Liebeserklärung an meinen Sohn Julian; schlichte Porträts wie „L'uomo con i fiori in mano", mit einem wunderschönen Saxophon-Solo, von Charlie Mariano übrigens. Oder eben Leo, gewidmet an den grossen Dichter und Liedermacher Leo Ferré, Mythos meiner Jugend. Daneben stehen wie gewohnt die persönlichen, intimeren Momente, „Vorrei dirti", „Tango per due" oder „Passioni".

Einen besonderen Platz nimmt, scheint mir, das Lied „Malatesta" ein.

Genau. Es ist nach einem Restaurant am Zürcher Hirschenplatz betitelt. Im „Malatesta" pflegte ich, in den letzten Monaten seines Lebens, einen meiner besten Freunde zu treffen: Pino Giannola, auch er ein Sizilianer, aus der Provinz Palermo. Ich hatte ihn in Zürich kennengelernt. Er sang im Begleitchor der „Elegia ai caduti" auf dem „Montsegur"-Album mit, ein Jahr später starb er an AIDS; er, der immer so allegro war ... Das Lied ist ihm gewidmet; mir gefiel die Anspielung auf diesen Ort unserer Begegnungen, aber auch das Wortspiel mit der Bedeutung dieses Namens, male a la testa, Kopfschmerzen, du, als Italophoner, kannst dies wohl auch verstehen ...

Ich erinnere mich, dass ich ähnliche Assoziationen hatte, als ich noch dort in der Umgebung lebte. Ich wusste bisher natürlich nicht, wie sehr du dich mit diesem Titel auf den Ort bezogst, oder ob du allenfalls auf den gleichnamigen Tessiner Anarchist anspieltest; was ich mich im übrigen auch beim Restaurant damals immer gefragt hatte ...

Nicht direkt. Aber das Wort an sich ruft Assoziationen hervor, die noch viel weiter gehen können: du bist ein malatesta, ein pocodibuono, ein Tunichtgut, ein Halunke, das kann auch bedeuten, du bist ein Verbrecher, von der ideologischen Sorte sogar ...

In dieser Hinsicht ist der Titel sehr hermetisch, sehr verschlüsselt; man kommt kaum darauf, dass das Lied einem Freund gewidmet ist, der an AIDS gestorben ist.

Stell dir vor, die Mutter dieses Freundes kam von Sizilien nach Zürich, um das Grab ihres Sohnes zu besuchen. Ich hatte, der Zufall will's, in dieser Woche gerade einen Auftritt in Zürich. Die Mutter blieb extra einige Tage länger in der Stadt, um das Konzert besuchen zu können. Sie kam und bedankte sich bei mir, dass ich für ihren Sohn ein Lied geschrieben hatte. Und sie fügte die Frage hinzu: „Aber warum heisst es denn Malatesta?"

Nachtrag; Zürich, Ende März, 1997

Benedetto Vigne:
Pippo, inzwischen sind einige Wochen vergangen; einiges ist passiert, einiges auch nicht ...

Pippo Pollina:
Nun, der italienische Produzent Vince Tempera konnte die Arbeit am neuen Album „Il giorno del falco" nicht wie geplant antreten. Also nahm ich die Sache in die Hände und arbeitete mit dem bisherigen Team als Koproduzenten: Gitarrist Thomas Fässler und Bassist Stefano Neri. In den ersten drei Novemberwochen wurde das ganze Album in den Winterthurer Hardstudios eingespielt, abgemischt und gemastert. Und das Neue daran war, dass wir erstmals die Grundspuren als Liveband aufzeichneten, im Gegensatz zu den früheren Alben, wo wir meistens im additiven Verfahren, Spur nach Spur, musiziert hatten.

Was dem Album auch deutlich zugute kam. Es wurde in den Medien durchwegs als dein frischestes und rockigstes Werk taxiert; und es scheint auch dein bislang erfolgreichstes zu werden.
Das Titellied, das Victor Jara gewidmet ist, stellt eine Rückkehr zur Musik deiner Jugend dar. Gibt es noch weitere Stücke, die sich mit dieser Vision der Heimkehr befassen?

Es sind deren zwei, „Questa sera" und „Confessioni". Diese Lieder nehmen quasi die Rückkehr vorweg, die ich seit langer Zeit geplant hatte, und die sich dann als weit weniger einschneidend herausstellte. Sie drücken auch eine gewisse Angst aus, sich mit einer Realität konfrontiert zu sehen, die unbekannt ist; denn jeder Stein ist nicht mehr derselbe Stein, jeder Baum, den man zurückgelassen hat, ist nicht mehr derselbe Baum; man badet kein zweites Mal im selben Fluss. Man weiss nicht, was man vorfinden wird, was sich verändert hat. Das Lied „Cambierà" hingegen ist wie eine Antwort darauf, ein Lied der Hoffnung; es bezieht sich auf die Situation, die ich in Palermo antraf. Ich bemerke mit Freude, dass gewisse Dinge sich zum besseren wenden; die Leute wollen sich wieder treffen, wollen sich kennenlernen, in der Stadt werden Hunderte von neuen Lokalen eröffnet, es gibt viele Konzerte und Theateraufführungen, eine blühende kulturelle Aktivität, lauter Dinge, die vorher nicht existierten. Man spürt, dass die Stadt sich europäisieren will, in einer guten, angenehmen Art und Weise. Drei Lieder der Rückkehr also.

Immer wissend, dass auch der Heimkehrer nicht mehr derselbe ist wie früher; diesen Teil aus dem Norden, den du dir angeeignet hast, den kannst du nicht mehr leugnen. Gibt es denn auch Lieder, die spezifisch auf die 10 Jahre zurückschauen, die du „in der Fremde" verbracht hast, die deine Erfahrungen in dieser Zeit behandeln, in Zürich, in der Schweiz, in Deutschland?

Sicher. Es gibt „Questa nuova realtà", die ich 1993 mit Wecker geschrieben hatte..

Ich spreche von neuen Liedern ...

Es gibt zwei weitere Beispiele; eines bezieht sich auf die Erfahrung, die ich im Jahre 1986 machte, als die Nuklearkatastrophe in Tschernobyl stattfand. In der Schweiz wurde dieses negative Erlebnis sehr stark wahrgenommen, ich erinnere mich noch genau an all die Ängste, die damals aufkamen, vielleicht weil wir geographisch etwas näher lagen; sicher war das ökologische Bewusstsein

Pippo in St. Gallen 1997

der Schweizer weiter entwickelt, die Antiatombewegung, verglichen etwa mit Sizilien damals, ausgeprägter. Auch wenn Italien insgesamt gut reagiert hat; im Jahr 1987 fand ein Referendum gegen die Atomkraftwerke statt, es entstanden keine neuen AKWs in Italien, vielleicht auch als Folge dieser emotionalen Welle nach Tschernobyl. Ich habe diese Geschichte wieder aufgegriffen, „zehn Jahre später". Wenn wir uns solche Sachen nicht kritisch vor Augen führen, passieren sie erneut. Die Geschichte sollte eben nicht chronologisch, sondern analytisch gelesen werden; „Chernobyl, dieci anni dopo" und „Questa nuova realtà" sind deshalb sehr aktuelle Themen.

Es gibt da einen Satz, der mir ausgesprochen gefällt, weil er Ausdruck eines ganz grossen Optimismus ist: „Doch ich will meine Kinder am Fluss grossziehen ... ich will hier wiedergeboren werden". Selbst in der Katastrophe, selbst in den unwirtlichsten Bedingungen beschliesse ich, an meinem Ort auszuharren ...

Das ist auch das Drama dieses ukrainischen Volkes, das sich als sehr mutig und würdevoll zeigte, gerade wenn man es, ohne jetzt streng urteilen zu wollen, vergleicht mit dem, was heute in Albanien geschieht. Es kann doch nicht sein, dass der einzige Ausweg dort die Massenflucht ist ...

Wobei wir hier zu den Anfängen unseres Gespräches zurückkehren, wo wir auch ausgiebig über das Fliehen redeten. Mir scheint, eine Art von Flucht ist immer gegenwärtig, die Flucht der gedanklichen oder sinnlichen Art, sei es in Form von induzierten Bewusstseinsveränderungen, sei es als Flucht in irgendwelche intellektuelle Welten, oder aber eben: Von Palermo abhauen, nach Luzern, nach Wien oder einfach nach Segesta. Es gibt im Leben immer dieses Element des Fliehens, des scappare, das nicht zwingend ein negatives sein muss. Denn jene Sizilianer, die nach Amerika auswanderten, sind zwar mit einem heimwehgeplagten Herzen gegangen, aber gleichzeitig auch mit jenem batticuore, das der unbekannten Abenteuer auf der anderen Seite harrt. – Du sprachst aber noch von einem zweiten Lied?

Ja, „Signore, da qui si domina la valle". Dieses Lied knüpft an den grauenvollen Bürgerkrieg in Ex-Jugoslawien an. Es ist eine Lüge, dass Europa eine Phase des Friedens durchlebt. Der soziale Frieden, der in Westeuropa herrscht, kann von einem Tag auf den andern enden; wir leben in einer Periode, in der alles geschehen kann. Ich muss über jene Leute lachen, die behaupten, wer heutzutage ein Antikriegslied schreibe, sei anachronistisch.

Hat mir sehr gefallen, dieses Lied; es kommt fast wie ein Gebet daher, schon im Titel, „Herr, von hier oben kann man das Tal ..." , man kann es auf deutsch nicht einmal richtig wiedergeben, muss es frei übersetzen, weil dieses Verb doppeldeutig ist, „dominare" heisst überschauen und beherrschen ... Und dann diese leisen, hinterhältigen Trommelwirbel im Ansturm ...

Hierin ist das Lied verwandt mit „Il giorno del falco", wo ich den militärischen Gewaltakt des chilenischen Putschs auch musikalisch nachzuempfinden versuchte. Dann gibt es noch Lieder, die mehr ans Alltägliche gebunden sind, „Oh merci", die Geschichte eines Flirts in einer Bar; Sachen, die jeden Tag passieren, tausendfach, in jeder Stadt ...

Mit „Oh merci" hast du gewissermassen diese internationale Seite wieder aufgenommen, dieses Verlassen des engen italophonen Umfeldes, wie du es vor Jahren schon einmal mit „Trotzdem ça va" getan hattest, jener Hommage an das multikulturelle Leben des Zürcher Langstrassenquartiers, wo du damals noch wohntest. Ausserdem hat das „Merci" in Zürich einen sehr starken Bezug zum Alltag, ist das doch hier die gebräuchlichste Form des Dankens ...

Stimmt. Das Lied beschreibt eine situazione molto mitteleuropea, eine Art von Flirt, die sich in Italien auf diese Weise niemals abspielen würde ...

Jetzt, da du dies vom „Flirt" erwähnst, gerade in diesem Moment fällt mir endlich ein, woran mich dieses Lied erinnert, von seiner Melodie her, aber auch von der Stimmung, ein Lied, das du vielleicht gar nicht kennst: „Pour un flirt", ein französicher Schlager von Michel Delpeche, aus den frühen 70er Jahren. Welche verblüffende Koinzidenz ...

Doch, kenne ich, und die Ähnlichkeit mag vielleicht sogar stimmen ... Ferner gibt es noch die „Semiseria proposta di matrimonio", auch dieses Lied etwas ironisch, heiter, scanzonato, im Ska-Stil arrangiert, ganz neu für mich. „Dimenticare Marina" – wir alle haben eine Marina zum Vergessen, mehr oder weniger ... und dann... ein

Liebeslied noch, „Quando sarò" ... und, nicht zu vergessen, „Buona fortuna", ein Lied, das mir sehr am Herzen liegt, ein Lied der Hoffnung und der Glückwünsche.

In diesem Sinn: Merci, e buona fortuna a te, Pippo.

Teil 2

Le canzoni - Die Lieder

Aspettando che sia mattino 1986

Aspettando che sia mattino - Warten auf den Morgen
La favola di Fido - Die Fabel über Fido
E allora vai - Also dann geh'
Io canterò per te - Für dich werde ich singen
In fondo basta - Was eigentlich genügt
Luntanu - Weit weg
Una canzone di notte - Nachtlied
Per un amico - Für einen Freund
Ci vorrebbe un'idea - Einen Einfall sollte man haben
Gli abiti che porto - Die Kleider, die ich trage

WARTEN AUF DEN MORGEN

Freund der gefundenen Tage
am Ufer unseres Elends
im Dunkel dieses Zimmers
erkenne ich deine Sterne.
Es sind zwei Steine
die ich einmal an einem sonnigen Tag mitnahm
es sind zwei neue Lieder
es sind deine Worte.
Freund entfernter Tage
viele warten noch auf uns
und ich will sie zählen
um mich an alle zu erinnern.
Und wenn es im Norden dieser Landschaft
keine Strände anzuschauen gibt
dann bitte leih den Augen des Mondes eine Träne
dann geh auf der Mole spazieren
wenn es draussen still ist und regnet
und alle Leute schlafengehen
dann ist es unser Herz, das schlägt
bei jeder Welle des Meeres
während wir auf den Morgen warten.
Freund der Nacht
und des Schlafes
den wir in einer Büchse Fanta verloren
oder in einer zu salzigen Süssigkeit.
Setz dich auf einen dieser Plätze
auf den die Sonne brennt
wenn sie stirbt.
Erzähl mir ihre Stille
ich werde sie mit dem Herzen hören.

ASPETTANDO CHE SIA MATTINO

Amico dei giorni trovati
in riva alle nostre miserie
nel buio di questa stanza
riconosco le tue stelle.
Sono due sassi di ghiaia
raccolti in un giorno di sole
sono due canzoni nuove
sono le tue parole.
Amico dei giorni lontani
ce ne aspettano ancora tanti
io li voglio contare
per ricordarli tutti quanti
e se al nord di questi paesaggi
non ci son spiaggie da guardare
per favore dai una lagrima agli occhi della luna
per favore cammina sul molo
quando fuori il silenzio e piove
e tutta la gente se ne va a dormire
e il nostro cuore che batte
ad ogni onda del mare
aspettando che sia mattino.
Amico della notte
e del sonno perduto
in una lattina di fanta
o in un dolce troppo salato
siedi in una di quelle piazze
bruciate dal sole che muore
raccontami i loro silenzi
li ascolterò di vero cuore.

DIE FABEL ÜBER FIDO

Ein braver Hund war Fido, aber in jenem dummen Dorf
gab es keinen einzigen Menschen
der sich seiner angenommen hätte.
Ein bisschen kannten sie ihn alle: Francesco, der Tabakhändler
Lausbuben und Schurken
und schließlich auch der Bürgermeister und der Notar.
Stets war er unter Menschen oder schlief auf der Piazza
doch wachte er aufmerksam über all das, was geschah
abends zwischen Abfällen, morgens in Schutthaufen
stillten Essensreste seinen Hunger und den der Katzen.
Doch Fido war ein braver Hund und so ergeben
und wurde trotzdem, wie kein anderer
von morgens bis abends verspottet.
Doch eines merkwürdigen Tages
gleich einem entfernten Sonnenstrahl am Horizont
trat eine namenlose Hündin in sein Leben.
Auf der Suche nach Glück und vielleicht ein bisschen Liebe
hatte sie Mondaugen
und einen Schwanz mit einer Farbe gleich den Nächten
als sie zusammen weggingen aus dem Land der Bigotten
des Absurden und der Heuchelei.
Die Morgen waren seltsam grau und schienen leer
ohne Fido auf den Strassen
der immer hinter vier Rädern her rannte.
Als sich das Gerücht verbreitete, liefen sie los
in Reih und Glied oder durcheinander
die Menschen des Dorfes.
Sie suchten ihn alle: Francesco, der Tabakhändler
Lausbuben und Schurken, sogar der Bürgermeister
und der Notar.
Doch nach Tagen vergeblichen Suchens
traten sie die Rückkehr an
mit gebeugten Häuptern und leeren Händen.
Es war einmal ein Hund, der war weiss
und hatte einen schwarzen Fleck auf der Schnauze.
Immer, wenn ich ihn traf
schaute er mich an, wedelte mit dem Schwanz
und dann... verschwand er leise.

LA FAVOLA DI FIDO

Fido era un cane buono ma in quello stupido paese
non c'era nessun uomo che da padrone se lo prese
lo conoscevano un po tutti, Francesco il tabaccaio
i monelli e i farabutti, perfino il sindaco e il notaio.
Era sempre fra la gente o nella piazza che dormiva
ma lui vegliava con la mente su tutto ciò che succedeva
la sera fra i rifiuti ed al mattino era Morena
che sfamava lui ed i gatti con gli avanzi della cena.
Ma Fido era un cane buono ed ormai si era affezionato
e come quello di nessuno di giorno e notte era schernito
ma un giorno davvero strano come un raggio di sole
all'orizzonte ormai lontano spuntò una cagna senza nome.
In cerca di fortuna e forse anche di un po' d'amore
aveva gli occhi della luna e la coda di un colore
uguale a quelle notti quando insieme andarono via
da quel paese di bigotti d'assurdità e d'ipocrisia.
Le mattine eran davvero strane, erano grigie e sembravan vuote
senza Fido per le strade ad andar dietro ad ogni „quattro ruote"
ma la voce si diffuse e si misero in cammino
chi ordinate chi confuse le persone del paesino.
Lo cercarono un po' tutti c'era Francesco il tabaccaio
i monelli e i farabutti persino il sindaco e il notaio
ma dopo qualche giorno di ricerche un po' infruttuose
imboccarono il ritorno a testa china e a mani vuote.
C'era una volta un cane, era bianco
e aveva una macchia nera sul muso
ogni volta che lo incontravo, lui mi guardava
scodinzolava e poi... in silenzio se ne andava.

ALSO DANN GEH'

Jetzt, wo du da bist, taucht die Erinnerung auf
Wie ein Vogel, der auffliegt, mich streift und dann mit dem Wind verschwindet.
Aber in diesen freiheitsliebenden Augen
wächst jetzt der Schatten der Wirklichkeit
wie in einem entfernten Spiel
nimmst du meine Hand und alles ist gut.
Ja sicher, es ist schwer zu verstehen
viel Wasser ist unter Brücken geflossen
und doch bleibt alles wie es war
heute ist wie gestern.
In einem Traum
streichle ich dein Gesicht und es scheint mir nicht echt
es ist nicht wie gestern.
Also dann geh
diesem blauen Himmel entgegen
den du mir zu erleben lehrtest
Also dann geh
ohne Gewissensbisse, ohne Fragen, ohne Antworten.
Ich wartete auf dich
wie eine Blume auf den Frühling wartet.
Und die Farben, die abends in meinen Augen leuchten
sind rot wie die Liebe
gelb wie diese Sonne
die dein Gesicht wärmt
und mit Leben, mit Freude erfüllt.
Ich denke an dich
wie eine Welle
die vom Meer wieder mitgenommen wird.
Ich liebe sein Streicheln
wie deine Augen und deine Haare.
Aber von dieser Freiheit nehme ich den Sinn
den sie mir gibt -
ich sehe dich an und bin glücklich.

E ALLORA VAI

Cresce il ricordo in me ora che sei quì
come un uccello che vola, passa e va col vento
ma in quegli occhi di libertà
cresce l'ombra della realtà
come in un gioco lontano mi prendi la mano... e tutto va.
Si certo mi rendo conto è difficile da capire
ne è passata di acqua sotto i ponti
ma tutto resta come prima
tutto come se ieri è adesso
e in quel sogno che ora vedo
accarezzo il tuo viso e non mi sembra vero
e non mi sembra come ieri.
E allora vai, vai, vai
verso quel cielo azzurro che tu mi hai insegnato a vivere.
E allora vai, vai, vai
senza rimorsi di coscienza nè domande, nè perchè.
Io t'ho aspettato sai
come un fiore la primavera
ed i colori che
brillano nei miei occhi di sera
sono rossi come l'amore
sono gialli come quel sole
che riscalda il tuo viso
e lo riempie di vita e di gioia.
Penso a me come un onda
che il mare porta con se via
amo le sue carezze
come i tuoi occhi e i tuoi capelli
ma di questa libertà
prendo il senso che essa mi dà
ti guardo e sono felice.
E allora vai, vai, vai...

FÜR DICH WERDE ICH SINGEN

Schau dich an und dann sag' mir
auf wessen Seite du stehst.
Mann oder Junge
irgendwann wird es einmal soweit sein.
Heute stand das Meer still, ohne mir zu sagen:
Lauf, Liebster, nicht stehenbleiben
hör nicht auf zu singen!
Sie haben mir gesagt
man lebt nicht, um zu träumen.
Dies und das sagten sie mir
und ich will's vergessen.
Sie sagten, ich sei verrückt
und käme wohl nicht weit.
Aber eines ist sicher:
auf ihre Seite will ich nicht.
Ich singe für dich
du hörst mir zu
ohne zu sprechen, die Augen geschlossen.
Weisst du
deshalb möchte ich dir meine Überzeugung widmen
meine Poesie.
Für dich werde ich singen.
Ruf mich doch an
an einem sonnigen Tag
dann wirst du mich wiedersehen.
Aber was dann sein wird
will ich gerne meinen Gedanken überlassen.
So wird es sein...

IO CANTERÒ PER TE

Guardati in faccia e poi...
dimmi da che parte stai
uomo o ragazzo un giorno lo diventerai.
Oggi il mare si è fermato
senza darmi le sue parole:
Corri amore non ti fermare
non smettere di cantare.
Mi hanno detto che la vita
non è fatta per sognare
mi hanno detto questo e altro
che voglio dimenticare.
Mi hanno detto che sono pazzo
e che lontano non potrò andare
certamente dalle loro parti
non ho voglia di arrivare.
Io canterò per te
che mi stai ad ascoltare
senza parlare senza guardare,
e lo farò perchè
ti voglio dedicare
la mia incoscienza
la mia poesia.
Io canterò per te
e forse un giorno di sole
chiamami pure
mi rivedrai,
ma quello che sarà
lo lascio volentieri
ai miei pensieri,
sarà, sarà.

WAS EIGENTLICH GENÜGT

Eigentlich genügt es schon
die Augen zu schliessen
um den Sternen zu begegnen
und von ihr zu erzählen.
Welch verhaltenes Dunkel
frei die Phantasie
im Wirbel der auffliegenden Lichter.
Eigentlich genügt es schon
sich selbst ein Lächeln zu schenken
und weit weg zu gehen
wo sie träumt
wo sie einen irrsinnigen Tanz mittanzt.
Doch der Wind streicht über die müden Gedanken
mein Körper ist noch nicht davongeflogen
noch bin ich hier mit mir.
Eigentlich genügt es, einen Moment innezuhalten
um die Menschen zu betrachten, die sich davonmachen
um dich wahrzunehmen
während der Morgen dämmert
aufgelöst in einem Grau, wie man es selber nie anrühren könnte.
Doch während ich nachdenke
bemerke ich nicht
wie dein Schatten zu mir kommt
und meine salzigen Tränen trockenhaucht.
Von heute an werde ich nicht mehr alleine sein.
Weht der Wind durch das goldne Haar
deine Augen glitzern
- bleib noch ein wenig bei mir.

IN FONDO BASTA

In fondo basta chiudere gli occhi
per incontrare le stelle
e parlargli di lei
quel buio sommesso
libera la fantasia
in gorghi di luce
che spiccano il volo.
In fondo basta regalarsi un sorriso
in compagnia di se stessi
per andare lontano
dove lei sogna
dove lei gioca
in una danza di follia.
Ma il vento soffia sui pensieri stanchi
ed il mio corpo non ha preso il volo
io sono ancora quì con me.
In fondo basta fermarsi un momento
e guardare la gente
che scappa via
e scorgerti confusa
all'alba di un grigio
che non verrà mai.
Ma mentre io penso
e non me ne accorgo
la tua ombra soggiunge
e viene da me
e asciuga soffiando
il mio pianto salato
da oggi non sarò più solo.
Ma il vento soffia sui capelli d'oro
ed i tuoi occhi brillano davvero
rimani ancora un po' con me.

WEIT WEG

Wenn Dunkelheit die Häuser
kohlrabenschwarz überdeckt
und ich aus meinem Fenster schaue
sehe ich in die Weite
wo sich der Blick verliert.
Wenn ich nach Hause komme
habe ich Lust alles zu zerschlagen
möchte davonfliegen
in den Himmel hinauf, über's Meer
möchte meine Lieder singen
mich den Sternen nähern
in dieser Nacht...
Wenn ich weine
weil ich an dich denke
und daran, dass du weit weg bist
suchen dich meine Augen
aber du bist nicht da...
Dann wälze ich mich im Bett
und kann nicht schlafen.
Wenn ich doch nur ein Vogel wär
wäre ich mit einem einzigen Flügelschlag bei dir
leider kann ich nicht fliegen.
So bleibt mir nur zu warten
bis sich eines Tages ein Feuer entzündet -
das Licht deiner grossen Augen wird
mir ein Gutenachtlied singen -
in dieser Nacht...

LUNTANU

Quannu u scuru cummogghia li casi
d'un nivuru carbuni
e iu m'affacciu a la me fenestra
taliu luntanu
dunni si perdinu l'occhi.
Quannu trasu
e mettu pedi 'ntrà la me casa
vulissi rumpiri tutti cosi
vulissi vulari 'nto celu e lu mari
vulissi cantari li me canzuna
vulissi essiri dintra li stiddi stanotti.
Quannu chianciu
picchì pensu a tia ca si luntana
l'occhi ti cercanu ma nun ci si
mi votu 'nto lettu e mi rivotu e nun dormu
e poi fussi aceddu
cù battitu d'ali jo ti uncissi
ma jo a vulari nun ci la sacciu
e aspettu chi un jornu
addumarisi un focu,
sarannu li luci di li to occhi
cchiù granni
ca mi sonanu la me ninna nanna
stanotti.

NACHTLIED

Jetzt ist es tatsächlich schon vier Uhr
aber heut' Nacht find' ich keinen Schlaf
und habe keine Lust wieder zu Morpheus zu gehen
der mich mit offenen Armen, zwischen Kissen und Laken, erwartet
um davon zu träumen, dass morgen wieder ein Tag ist.
Also, liebe Freunde, erlaubt mir dies eine Mal
das zu tun, was jener Poet tat
erlaubt mir, dass ich euch dieses Nachtlied singe
erlaubt es auch mir.
Wenn ich nur nicht so blöd wäre, so befallen
von der seltsamen Krankheit - Nostalgie genannt-
dann würde ich vielleicht nicht so klagen
über die Zeit, die mir davonrinnt
über Erinnerungen, das Gedächtnis und über zerstörte Träume
Manchmal diskutiere ich stundenlang
über Frieden, Antimafia und über Menschen, die dann sterben.
Wenn ich heimkomme, fühle ich mich wie durchgeprügelt
wie ein Hund der seinen Herrn nicht mehr findet.
Aber wenn ich Pietro anschaue, merke ich
dass er ein guter Revolutionär ist.
Er weiss, wie man seine Falten und Schwächen verdeckt.
Und wenn Antonio mit vierzig seine Krawatte weggeworfen hat
schenke ich meinen Stolz dem Erstbesten.
Es gibt so viele von diesen billigen Künstlern
die dich von oben herab behandeln
und meinen, sie hätten es geschafft.
Und dann lachen sie dich hinter deinem Rücken aus und sagen:
Welcher Verrückte, welcher Idiot hat wohl den auf die Bühne gestellt?
Aber zum Glück organisieren wir manchmal einen Marsch
zwischen Kirchen und Parteien
um uns daran zu erinnern, dass es nur eine Mutter gibt
und dass wir alle Brüder sind, vereint durch ein einziges Ideal.
Aber wenn sie für einen Fackelzug
zu zehntausenden auf die Strasse gehen
dann frage ich mich doch, wer wohl die Mafia erfunden hat.
Das gibt's in Palermo nicht
vielleicht in Kopenhagen, wer weiss.
Das war sicher die Phantasie eines Journalisten.
Es ist bestimmt besser zu lächeln

UNA CANZONE DI NOTTI

Son le quattro per davvero ma stanotte non ho sonno
non ho voglia di tornare da Morfeo
che mi aspetta a braccia aperte fra il lenzuolo ed il cuscino
per sognare che domani è un altro giorno.
Ed allora cari amici, permettemi una volta
di fare come fece quel poeta
permettete che vi canti questa canzone di notte
permettete, permettetelo anche a me.
Se non fossi così stronzo, se non fossi così affetto
da quella strana malattia che si chiama nostalgia
forse non starei a menarmi sul tempo che mi sfugge
sui ricordi e la memoria e sulle immagini distrutte.
Certe volte mi ritrovo a discutere per ore
della pace, di antimafia e della gente che poi muore
per poi tornare a casa e sentirmi bastonato
come un cane che non riesce a ritrovare il suo padrone;
ma guardo Pietro e poi capisco che un buon rivoluzionario
sa nascondere le sue rughe e le sue debolezze
e se Antonio a quarant'anni ha gettato la cravatta
donerò il mio orgoglio al primo che passa.
Ce ne sono tanti in giro quegli artisti da due soldi
che ti snobbano e si credono di essere arrivati
per poi sfotterti dietro e dire:
Ma chi è stato quel pazzo o quel cretino che lo messo su quel palco?
Ma per fortuna certe volte fra le chiese ed i partiti
si organizza una marcia per farci ricordare
che di mamma ce nè una, che siamo tutti fratelli
tutti uniti per un unico ideale.
Ma se per una fiaccolata sono scesi in trentamila
ma la mafia, dico, chi l'avrà inventata?
A Palermo non esiste, chissà forse a Copenaghen?
Sarà stata fantasia d'un giornalista!
Sarà meglio, garantisco, di sorridere perchè
non aveva tanto torto quel cantore a ricordare
che da noi si campa d'aria ed aggiungo di pallone
visto che durante il giorno non si riesce a dir di altro.
Quanto hai fatto alla schedina? Forza Juve, Forza Rossi!
Nelle fabbriche, nelle scuole, nelle case e pure all'inferno
mentre il freddo della notte si assopisce sulla pelle

denn jener Sänger hatte nicht ganz Unrecht
als er sagte, dass man bei uns von Luft lebt
und von Fussball, füge ich hinzu.
Am Tag kann man ja sowieso über nichts anderes sprechen als:
Wieviel hast du im Toto gemacht; Forza Juve! Forza Rossi!
in den Fabriken, in den Schulen, in den Häusern und sicher auch
noch in der Hölle.
Während die Kälte der Nacht sich auf die Haut legt
erinnere ich mich daran, dass es bald wieder Winter wird.
Und mein Vater, der sich immer wiederholt:
Ich bin sicher, das du auf der Strasse sterben wirst
für einen Traum ohne Farben. Schau raus
schau die Leute an, sie alle denken an ihre Zukunft
ohne auf die anderen zu achten.
Die Stadt spuckt mir ins Gesicht, als Echo meiner müden Verse
wie schon einmal jemand sagte:
Auch heute fliegen wir wieder nicht.
Ich werde versuchen weiterzugehen
um die Gitarre zum Lachen zu bringen
sie braucht neue Plätze, damit sie wieder gut klingt.
Na also, jetzt geht's mir etwas besser
meine Sicht vernebelt sich ein wenig.
Was habe ich denn getan?
Hab' für eine Stunde herumgesponnen.
Gut, dann verzeiht mir, ich hoffe auf eure Nachsicht.
Und wenn ich manchmal Lust habe wegzulaufen
dann denke ich an die Augen meiner Mutter
und an die Hände meiner Freunde
an die Sterne und an unseren Himmel
ans Meer, das mich zum Narren hält
und das mich dazu bringt, umzukehren.
Liebe Freunde, ich bin sicher dass einige denken
dass sie schon oft von diesen Dingen gehört haben.
Text und die Noten sind ebenso voraussehbar
wie es wahr ist, dass am morgigen Tag
wenig von eurer Einstellung verändert sein wird.
Um zu einem Ende zu kommen: Ich singe ohne tauben Ohren
irgendwelche Wahrheiten aufzwingen zu wollen
ohne Umschweife und Forderungen, aber mit dem festen Willen
das was in mir ist, furchtlos auszuspucken .

ricordandomi che a poco ci sarà di nuovo inverno.
E mio padre che ripete:
Son sicuro morirai per le strade di un sogno senza colori
guarda fuori tutta la gente pensa alla propria carretta
e la tira senza guardare ai buoi.
La città mi sputa in faccia l'eco dei miei versi stanchi
come disse già qualcuno „anche per oggi non si vola".
Cercherò di camminare per far rider la chitarra
che ha bisogno di altre piazze per suonare.
Ecco, adesso va un po' meglio, mi si annebbia anche la vista
cos'ho fatto? Ho delirato per un ora?
Beh, vogliatemi scusare, certe volte non ragiono
spero solo che ci sia il vostro perdono.
E se a volte mi vien voglia di fuggire per davvero
penso agli occhi di mia madre e alle mani degli amici,
alle stelle e al nostro cielo e ad il mare che mi fotte
e che mi spinge poco dopo a ritornare
cari amici son sicuro, fra di voi c'è chi già pensa
che di queste cose ne ha sentite tante
testi e note son scontati com'è vero che domani
il nostro giorno cambia poco i suoi connotati.
Per concludere io canto senza verità da imporre
a chi porta i tappi di cerume
senza fronzoli e pretese ma conservando quella voglia
di sputar via ciò che ho dentro senza paure.

FÜR EINEN FREUND

Stell einen Augenblick deinen Koffer ab
und halt einen Moment die Uhr an-
ja ja, ich weiss, es ist schon spät
und du musst bald gehen.
Aber was mich noch immer zum Reden treibt
ist weder Vernunft, noch Tugend
sondern der Schatten deiner Gesten
das, was von deinen Wörtern bleibt.
Erinnerst du dich an all die Abende
an denen es uns bewusst wurde
dass wir Menschen sind?
Menschen dieser Zeit und dieser Gegend
und als ob das nicht genügte
sind wir auch noch Süditaliener.
Es kommt mir wie eine Ewigkeit vor
als du mir sagtest
es sei keine Sünde aus dem Süden zu stammen
ganz im Gegenteil
Kraft und Mut sind es
mit denen wir uns einen neuen Süden aufbauen
ohne Herren und ohne Elend
und ohne die mächtige Mafia.
Gut, Palermo ist ein Graben
eine Wüste mitten im Meer
Palermo ist ein Hafen der Sonne
wo Licht und Verrücktheit sich um Nahrung streiten.
Palermo, ja!
In dieser Stadt kann man plötzlich überschnappen-
Palermo ist ein Loch voller Farben
ist ein Haufen Fehler, Schreie und Wärme.
In deinen nachtschwarzen Augen
sehe ich eine Träne, die runterkullert
aber jetzt kann dich nichts mehr binden
an diese Mauern, an diese Häuser
und an die Haare dieses Kindes
das noch immer mit Abfällen spielt.
Mein Freund, du wirst mir schreiben
unsere Geschichte erzählen.
Wer nicht will

PER UN AMICO

Posa un momento la tua valigia
e ferma un attimo quell'orologio
si, si lo so che adesso è tardi
e che tra un poco dovrai partire
ma ciò che mi spinge ancora a parlare
non è ragione non è virtù.
È solo l'ombra di quei tuoi gesti
è solo il fumo delle tue parole
tu ti ricordi tutte quelle sere
a rimembrare che siamo uomini
del nostro tempo e del nostro spazio
e come se non bastasse siamo meridionali.
Mi sembra un secolo quando mi dicevi
ch'esser del sud non è un peccato
anzi è la forza anzi è il coraggio
di costruircene uno nuovo
senza padroni e senza miserie
senza la mafia di potere.
Va bene si!
Palermo è un fosso, un deserto in mezzo al mare.
Palermo, solamente un porto di sole
dove la luce e la follia
fanno a pugni per mangiare.
Palermo si!
In questa città da un momento all'altro si può impazzire.
Palermo è un buco di colori
un cumulo di errori
di grida e di calore.
Dentro i tuoi occhi neri come la notte
leggo una lagrima che scende via
ma nulla ormai ti può legare
a quelle mura, a quei palazzi
e ad i capelli di quel bambino
che gioca ancora con le immondizie.
Amico mio mi scriverai
racconterai la nostra storia
a chi non vuole, non può capire
le notti insonni a ricercare
tra lettere puniche ed aria salmastra

der kann sie auch nicht verstehen
diese Nächte ohne Schlaf
in denen wir zwischen punischen Buchstaben
und salziger Meeresluft
ein wenig Freiheit auf dem Meeresgrund suchten.
Mein Freund, in diesem Zug des Elends
bin auch ich.
Wenn du zu einem neuen Frühling aufbrichst
hoffe ich, dass dein Weg
von der Morgenröte gesäumt sein wird.
Mein Freund, wohin auch immer du gehen magst
ich hoffe, dass ich dir eines Tages nachkommen kann
aber in der Nacht
wenn es nicht regnet
geh' raus und sieh dir den Mond an
und vergiss nie das Meer...

un po' di libertà in fondo al mare.
Amico mio
dentro quel treno di miserie ci sono anch'io.
Se parti per un altra primavera
spero che il tuo cammino
sia cosparso di rugiada
amico mio
ovunque vada
spero che un giorno ti raggiungerò
ma nelle notti e se non piove
esci e guarda la luna
però non dimenticare
non dimenticare il mare.

EINEN EINFALL SOLLTE MAN HABEN

Einen Einfall sollte man haben
und sich Francesco nennen statt Giuseppe.
Einen Einfall sollte man haben
und Fahnen und Grenzen abschaffen.
Einen Einfall sollte man haben
um einzusehen, dass man nicht alleine ist
um zu merken, dass die Luft
die man atmet
rein und nicht verstrahlt ist
und den Gesang der Sterne hören
ohne den Lärm eines Turbos
und ein für allemal
die Seifenopern und Quizshows ausschalten.
Einen Einfall sollte man haben
und dieses Lied etwas ansprechender komponieren.
Einen Einfall sollte man haben
damit auch der eigene Sohn nicht mehr Englisch singt.
Einen Einfall sollte man haben
damit der Papst endlich aufhört
die Armen zu besuchen
als sei er lediglich
ein gern gesehener Tourist
und den Verbrechern ins Gesicht spucken
die sich schlau wähnen
weil sie an der Macht sitzen.
Und weil doch alle, die mir zuhören
glücklich sein sollen
für einen Augenblick
bevor sie gehen.
Einen Einfall sollte man haben
aber von wem soll er kommen?
Gott, wo ist er?
Was für ein Durcheinander!

CI VOREBBE UN' IDEA

Ci vorrebbe un'idea
per far sì che mi chiami Francesco e non Giuseppe.
Ci vorrebbe un'idea
per cancellare dal mondo le bandiere e i suoi confini.
Ci vorrebbe un'idea per capire che non son solo
e per sentir che l'aria che respiro
sia ossigeno puro e non radiattivo
per ascoltare il canto delle stelle
senza avere nelle orecchie la sua „Turbo TGL"
e per finirla una volta per tutte
con i „Sentieri", i „Dallas" ed i „Rischiatutto".
Ci vorrebbe un'idea
per scrivere questa canzone con più gusto.
Ci vorrebbe un'idea
per non sentire più mio figlio cantare in inglese.
Ci vorrebbe un'idea perchè il papa la finisca
di visitare la povera gente come fosse un illustre turista.
E per sputare in faccia a quei delinquenti
che si credono furbi perchè sono potenti.
E perchè in fondo chi mi stà ad ascoltare
sia felice un momento prima di andare.
Ci vorrebbe un'idea
ma chi me la darà.
Dio dove stà?
Che confusione!

DIE KLEIDER DIE ICH TRAGE

Nicht die Farbe deiner Augen, Freundin, wird es sein
auch nicht die Asche in meiner Melancholie
nicht das Salz des Meeres
auch keine verlassene Katze
nicht die Blume, die du gepflückt
und die mir sagt, daß ich lebe.
Das Vogelgezwitscher wird es nicht sein
nicht der Kuss meiner Mutter
weder die Tränen eines Narren
noch ein Sonnentag
noch ein böser Traum
nicht einmal der Wein
nicht deine Hand
und nicht dein Hund, der mir zeigt, dass ich lebe
nichts rüttelt mich auf.
Nicht die Wiese in der Wüste
nicht die Nacht während des Tages
kein Kinderlächeln
allein die Art, sich nahe zu sein.
Nicht das, was mich erwartet, wird es sein
nicht der Mond, noch sein Geheimnis
weder Beklommenheit noch Verzagtheit-
es sind die gewohnten Kleider, die ich trage.

GLI ABITI CHE PORTO

Non sarà il colore dei tuoi occhi, amica mia
non sarà la cenere che alloggia nella mia malinconia
non è salsedine del mare, non sarà un gatto abbandonato
non sarà il fiore che hai raccolto a dirmi che son vivo.
Non sarà il canto di un uccello
non sarà il bacio di mia madre
non sarà il pianto di un buffone, un giorno di sole
non sarà un sogno fatto male
neppure il vino che trasale
le tue mani ed il tuo cane a dirmi che son vivo.
Non sarà un prato nel deserto
non sarà la notte dentro il giorno
non sarà il sorriso di un bambino
sarà il modo di essergli vicino.
Non sarà quello che mi aspetta
non sarà la luna e il suo segreto
non sarà angoscia nè sconforto.
Saranno gli abiti che porto.

Sulle orme del re Minosse 1989

Radio Guevara
Non lo sai - Du weisst es nicht
Pagine di mare - Seiten des Meeres
Sulle orme del re Minosse - Auf den Spuren des König Minos
Et in arcadia ego
Sim
Se vuoi - Wenn du willst
Notti bianche - Schlaflose Nächte

RADIO GUEVARA

Von diesen dreizehn Leben sind nun tausend Jahre vergangen
doch weilt mein Gedanke noch bei jenen Sommerabenden
als man den Nachbarinnen Maiskolben stibitzte
den Wachhunden und
aufmerksamen Augen eines Klosterbruders zum Trotz.
Wer von uns hätte jemals gedacht, wie sonderbar das Leben spielt
das dich eines Tages an der Hand nimmt
zu verschneiten Landschaften in fahlem Licht führt
und unversehens beraubt es dich der Wärme seiner Hand.
Ich bin in jener Hälfte des Jahrhunderts geboren, in der man leicht
der Verlockung eines P 38 oder eines Alfa 2000 verfiel
für mich waren es einfach eine Eko mit sechs Saiten
und die Anachronismen von Pavese und Neruda.
Früher aber hatte man die Kraft, neu zu beginnen
etwas zu verändern
früher hatte man eine Zukunft und Hoffnung vor Augen
und lebte in den Bergen und am Meer.
Dass wir alleine sind auf dieser Welt, die von der Dummheit
und vom Irrsinn der Leute durchtränkt ist
ist ein schwerverdauliches Axiom, aber ich hab's akzeptiert
ohne ein übermässiges Trauma, ohne heftige Reaktionen.
Und Radio Guevara sendete Botschaften und Lieder
so viele warme Tränen auf meinem gebügelten Hemd
meinen andersartigen Wegen und meinem Trotz
gegen die Schmerbäuche, die Krawatten und die Dorffeste.
Wie schön ist der Garten in diesen Herbsttagen
der stolz seine Früchte und Farben zeigt
ich möchte Wind sein und bis Juni fliegen
seine Geheimnisse begreifen und seine Düfte atmen.

RADIO GUEVARA

Son passati mille anni di queste tredici vite
ma il mio pensiero indugia ancora a quelle sere d'estate
quando si rubavano pannocchie alle vicine
in barba ai cani da guardia e agli occhi attenti d'un frate.
E chi di noi non ha mai pensato a com'è strana la vita
che un giorno ti prende e ti conduce lontano
tra paesaggi innevati e dalla luce sbiadita
e ti priva di colpo del calore della sua mano.
Sono nato in quegli anni di mezzo in cui era facile
cadere alle lusinghe di una P38 o di una Alfa 2000
per me semplicemente una Eko sei corde
e gli anacronismi di Pavese e Neruda.
Ma un tempo si aveva la forza per ricominciare
ma un tempo si aveva qualcosa da cambiare
ma un tempo si aveva un futuro per sperare
ma un tempo si viveva sui monti e sul mare.
E che siamo soli in questo mondo affollato
dalla stupidità e dalla follia della gente
è un'assioma indigesto però l'ho accettato
senza traumi eccessivi, reazioni violente.
E Radio Guevara lanciava messaggi e canzoni
quante lagrime calde nella mia camicia stirata,
nei miei sentieri diversi e nelle ribellioni
a quelle pancie e cravatte e alle feste di borgata.
Com'è bello il giardino in questi giorni d'autunno
che esalta i suoi frutti e ne rivela i colori
vorrei essere vento per volar fino a giugno
per carpirne i segreti e respirarne gli odori.

DU WEISST ES NICHT

Was mag wohl auf dem Grunde deiner fernen Augen sein
nicht einmal du weisst es, wenn du meine Hände festhältst
der Spiegel blind von deinen Frisierereien
das Gesicht wie immer perfekt geschminkt.
Und wenn du es wissen willst; es sieht merkwürdig aus
wie du an jeder Strassenecke einen Mann suchst
und dann sagst, dass du genug von schnellen Liebkosungen hast
einsame Nächte hättest du zum Überdruss schon erlebt.
Aber weisst du nicht, dass man wahre Liebe
nicht in den Einkaufszentren kaufen kann
weisst du nicht, dass du das Wesentliche
nur mit dem Herzen siehst.
Was am Ende dieser dunklen Strasse wohl sein mag
wirst du alleine erfahren; ich wünsche Dir Glück dazu
die Fotos von unbeschwerten Tagen
zeigen bereits vergangene Augenblicke.
Und Yogakurse, Ballett, postmodernes Theater
um Vergessen oder frischen Eifer vorzutäuschen
und die Suche nach der verborgenen Identität
mit Hilfe psychologischer Tests über Wald und Meer.

NON LO SAI

Cosa ci sia in fondo ai tuoi occhi lontani
non lo sai nemmeno tu quando mi stringi le mani
lo specchio consumato dalle tue acconciature
il trucco un pò scontato senza sbavature.
E se lo vuoi sapere è una cosa strana
vederti cercare un uomo ad ogni angolo di strada
e dici che sei stanca di carezze galeotte
di notti solitarie ne hai già viste a frotte.
Ma non lo sai che il vero amore
non si compra nei negozi del centro
non lo sai che il vero amore
non lo troverai fuori ma dentro.
Cosa ci sia in fondo a questa strada buia
lo scoprirai da sola spero avrai fortuna
e le fotografie dei giorni spensierati
ritraggono momenti ormai passati.
Ed i corsi yoga, la danza, il teatro postmoderno
per dimenticare o fingere un nuovo impegno
e l'identità nascosta da ricercare
in test psicologici sul bosco e il mare.

SEITEN DES MEERES

Rede, rede, rede, dann kannst du alles erzählen
auch, dass Esel an der Piazza Magione herumfliegen
dort, wo sich die Palmen über das Wehen des Sciroccos freuen
bei orientalischen Düften und fernen Verwünschungen.
Junge Mailänder hingegen laufen in Timberlands herum
ein bisschen wie jenseits der Alpen
mit dem Walkman in der Tasche
die Konzertkarte für Madonna und Duran Duran
oh, kann man noch reden, wenn die Vernunft versagt?
Rede, rede, rede, dann kannst du dir alles vorstellen
auch einen Geheimgang zwischen dem
Alexander- und dem Mariannenplatz
und den bunten Bahnhof von Amsterdam
wo man dich alle paar Schritte
fragt, ob du das Paradies kaufen möchtest.
Ich glaubte mich stark und lehnte dankend ab
dachte, ich sei clever und sagte nein danke.
Und der einsame Wanderer empfahl mir:
Bevor du diesen Sternenhimmel grüsst
solltest du Istanbul gesehen haben
dort wirst du herausfinden
wer du warst und sein wirst
dort wirst du herausfinden
was du lange gesucht hast.
Und an diesem sonnigen Nachmittag bringe ich
meine Ideen mit den deinen durcheinander, Geliebte
du hast dich in meiner Erinnerung verirrt
dass ich dich suche, ahnst du nicht
zwischen Seiten des Meeres
und den Steinen jenes fernen Junis
als mich der Mut im Dunkeln an der Hand nahm.
Ich suche dich zwischen vergilbten Briefen
an Abenden im Schatten schwachen Lichts
als mich der Mut im Dunkeln an der Hand nahm.

PAGINE DE MARE

E parlando puoi raccontare di tutto
anche che gli asini volano a Piazza Magione
dove le palme gioscono al ventilar di scirocco
fra profumi d'oriente e bestemmie lontane.
La giovane Milano cammina invece in Timberland
con sapore d'oltralpe
col walkman in tasca
il biglietto in tribuna con Madonna e i Durans;
oh fu mai lingua dritta dove la ragione non basta.
E parlando parlando puoi immaginare di tutto
anche un passagi segreto fra Alexanderplatz e Mariannenplatz
e la colorata stazione di Amsterdam
dove a dieci passi ti chiederanno
se vuoi il paradiso
ed io mi credevo forte e dissi no grazie
ed io mi credevo furbo e dissi no grazie
E il viandante solitario mi raccomandò:
Prima di salutare questo cielo di stelle
dovrai vedere Istanbul
là troverai ciò che eri e ciò che sarai
là troverai ciò che cercavi e che cercherai.
E in questo pomeriggio soleggiato
confondo le mie idee con le tue, amore mio
sperduto nella memoria e che non sai
che ti sto cercando
fra pagine di mare
tra sassi di quel giugno lontano
quando nel buio il coraggio mi prese per mano;
ti sto cercando, tra lettere ingiallite
tra sere all'ombra di una luce fioca
quando nel buio il coraggio mi prese per mano.

AUF DEN SPUREN VON KÖNIG MINOS

Wer weiss, welches Geheimnis sich hinter den
Sonnenuntergängen von Gizeh verbirgt
hinter den abgeschürften Mauern
hinter meinen Zweifeln, meinen Fragen.
Wer weiss, ob die alten Hirten von Nazca
immer noch vergeblich auf die
Rückkehr der Besucher warten
die von weither kamen.
Wer weiss, ob durch meine Adern
Baals Zorn fliesst.
Wer weiss, ob wirklich alles
über die Riesenköpfe der Osterinsel
über das Pferd von Berkshire bekannt ist.
Wer weiss, ob Hammurabi etwas wusste
über die Papyrusstauden am Nil
und an den Ufern des Ciane
über die Säulen des Herakles
überwunden von Phöniziern und Seeräuberbanden.
Wer weiss, ob eines Tages
der Stolz der Indianer erwacht
und ich mein Gesicht, meine Hände
im heiligen Ganges waschen werde.
Das Raumschiff von Palenque
und die Monolithen von Stonehenge
ein alter Schotte würde sagen:
It's very strange.
Wer weiss, ob die Hütten der Halisa
noch eine uralte Erinnerung verbergen
an die Moscheen, weiss wie Muscheln
dem Boden gleichgemacht
von einem neuen Weihnachten.

SULLE ORME DEL RE MINOSSE

Chissà che cosa si nasconde
dietro i tramonti di Gizeh
dietro le sue mura scorticate
dietro i miei dubbi i miei perchè.
Chissa se i vecchi pastori di Nazca
aspettano ancora invano
il ritorno dei visitatori
venuti da lontano.
Chissà se nel mio sangue
scorre la rabbia del Dio Baal.
Chissà se e tutto chiaro
sui testoni di Pasqua
sul cavallo dello Berkshire.
Chissà se Hammurabi
sapeva dei papiri sul Nilo
e sulle rive del Ciane
e le porte d'Ercole
superate da Fenici
e da bande corsare.
Chissà se si risveglierà un giorno
l'orgoglio degli indiani
e se bagnerò nel sacro Gange
il mio volto le mie mani.
E l'astronave di Palenque
e i monoliti di Stonehenge
nelle parole di un vecchio scozzese:
It's very strange.
Chissà se fra i tuguri dell'Halisà
giace ancora un ricordo ancestrale
di moschee bianche come conchiglie
rase al suolo da un nuovo natale.

ET IN ARCADIA EGO

Wie laut besangen die Franziskaner
die Armut Christi
und ich fühlte mich schon gross, erwachsen
und glaubte alles gesehen zu haben.
Wie lohten auf dem Scheiterhaufen
die Haare der Mädchen und Landstreicher
während Irre, Helden und Rebellen
neue Welten entdeckten.
Und du, meine Freundin
warum betest du heut' Nacht?
Und du, meine Freundin
für wen betest du heut' Nacht?
Was suchten die Männer in Schwarz
in jenen endlosen Nächten
schwankend zwischen Licht und Geheimnis
zwischen Schlössern und uralten Ruinen.
Die Habsburger und die Könige Frankreichs
erteilten denen ihre Audienz
die leere Bäuche hatten
die Taschen jedoch gefüllt
mit göttlicher Weisheit.

ET IN ARCADIA EGO

Come cantavano i francescani
al motto della povertà di Cristo
ed io mi sentivo già grande, adulto
di aver già tutto visto.
Come bruciavano al rogo i
capelli di fanciulle e vagabondi
mentre pazzi, eroi e ribelli
scoprivano nuovi mondi.
E tu, amica mia, perchè preghi stanotte?
E tu, amica mia, per chi preghi stanotte?
Cosa cercavano gli uomini in nero
in quelle notti senza fine
barcollando fra luci e un mistero
fra castelli e antiche rovine.
E gli Asburgo ed i Re di Francia
dispensavano le loro udienze
a chi aveva vuota la sua pancia
ma la borsa piena di divine sapienze.

SIM

Ich liebe es immer noch
mich nachts an Gedichten zu berauschen
und jeden Zweifel
bei einer Tasse Kaffee zu verscheuchen
und mich morgens
an den Ufern einer Idee zu wälzen
um mich zu überzeugen
dass im Grunde alles seine Ordnung hat.
Und die Gedanken auf freier Fahrt
von Via Noce bis Trafalgar
was für eine Lust abzureisen
was für eine Lust wegzugehen
denn das Abendland stürzt
unter dem Beben der Illusionen ein
und ich mittendrin
und doch finde ich dazu keine Gelegenheit.
Meine Liebe hat ihre Flügel
am Lebenshauch entfaltet
meine Glückwünsche sind aus Papier
die Fasern vergilbt
der Weg ist noch lang
die Strassen steinig
meine nackten Füsse
zerkratzt und aufgeschürft.
Mein Körper schleppt sich
müde durch Lichter und Schimären
ich möchte den Strom ausschalten
aber ich kann nicht recht verstehen . . .
Gib mir deine knochigen Hände
aus ihnen will ich heute Nacht lesen
und daraus Liebesgedichte schreiben
noch nie empfundene Lieder.

SIM

Mi piace ancora nelle notti
inebriarmi di poesia
e lasciar perdere ogni dubbio
sulla tazza del caffè
e le mattine rotolarmi
sulle rive di un'idea
per convincermi che in fondo
tutto va così com'è.
E i pensieri in corsa libera
da Via Noce a Trafalgar
ma che voglia di partire
ma che vo glia di andar via
l'occidente sta crollando
sotto un sisma di illusioni
ed io mi ci trovo dentro
ma non trovo le occasioni.
Il mio amore ha schiuso le sue ali
al vento della vita
i miei auguri son di carta
ma la fibra è un pò ingiallita
il cammino e ancora lungo
per le strade qualche sasso
i miei piedi nudi accusano ferite
e qualche graffio.
Ma il mio corpo si trascina stanco
fra luci e chimere
vorrei chiudere il contatto
ma non so capire bene...
Dammi le tue mani ossute
voglio leggerle stanotte
ne farò poesie d'amore
canzoni mai tradotte.

WENN DU WILLST

Sag, was bleibt von dem, was wir beredet
ist es doch nur die Gewohnheit
und ein Fest im Haus der Deinen
meine Gefühle vertrau' ich dir an
in diesen seltsamen Tagen
mein Herz schlägt bis zum Hals
die Stimme gebrochen
und ich friere an den Händen.
Sag, was kann ich dafür
wenn ich es nicht mehr schaffe die Zeitungen zu lesen
und die Nachrichten im Fernsehen, o je
sitzen wie ein Kloss im Hals.
Deine Augen träumen von einem Tag
von einem fernen, fernen Meer
wo wir ausgestreckt
unter der Sonne und unter dem Nichts
uns an der Hand halten.
Nimm sie also, wenn du willst
hier ist die Stadt meiner Gedanken
voller Strassen und Wege
nimm sie, im Grunde gehört sie dir.
Schau mich also an, wenn du willst
ich bin ein liegengelassener Gegenstand
auf einem Platz in der Vorstadt
vom Wind bald weggefegt.
Sag mir doch, was bleibt von dem, was wir beredet
das Licht wird von nun an
durchs Fenster hereinkommen
wir werden warten bis es tagt
und sich der Wind draussen legt.
Mit nackten Füssen auf dem Rückweg
entlang eines grenzenlosen Blumenmeeres.

SE VUOI

Dimmi quello che ci resta detto tra noi
e solo l'abitudine e una festa a casa dei tuoi;
io ti darò quello che sento in questi giorni strani
col cuore in gola e la voce rotta
sento freddo alle mani.
Dimmi cosa posso farci se non riesco più
a leggere i quotidiani e i telegiornali
beh, quelli poi non mi van giù;
ed i tuoi occhi sognano un giorno
un mare lontano molto lontano
dove distesi al sole e al nulla
ci teniamo per mano.
E allora prendila se vuoi
è la citta dei miei pensieri
piena di strade di sentieri in fondo
prendi è tua se vuoi.
E allora guardami se vuoi
sono un oggetto abbandonato
in una piazza di periferia
che presto il vento porta via.
Dimmi un po cosa ci resta detto tra noi
la luce entrerà dalla finestra
d'adesso in poi;
aspetteremo che venga giorno
e che il vento si plachi fuori
e a piedi nudi lungo il ritorno
un oceano immenso di fiori.

SCHLAFLOSE NÄCHTE

Noch ein Zug, auf den Schienen meiner Zweifel
schnellt leise und furchtlos vorbei, ohne zu wissen wohin.
Frau, Geliebte, Freundin, unendliches leidenschaftliches Feuer
die du mein Leben erwärmst
zwischen Traum und Schicksal herumirrend.
Ich betrachte die traurigen Augen der Leute um mich herum
höre das Gejammer über das Risiko dieser Reise ohne
Wiederkehr.
Jugendliche ohne Erfahrung liebkosen
zwischen Computern die Nachmittage
das Gedächtnis an Armani und Fiorucci verloren.
In diesen unseren schlaflosen Nächten
zwischen einem Schweigen und einem Aber
werde ich den Fluss deiner leidenschaftlichen
Zärtlichkeiten nicht spüren
- ich will weggehen.
An diesen Abenden
vergessen in einer Tüte in der Metro
werde ich den Fluss deiner leidenschaftlichen
Zärtlichkeiten nicht spüren
- ich will weggehen.

NOTTI BIANCHE

Ancora un altro treno sui binari dei miei dubbi
sfreccia impavido e leggero senza sapere dove andare.
Donna, amante, amica, eterno fuoco appassionato
tu che riscaldi la mia vita vagabondeggi fra i sogni e il fato.
Guardo gli occhi tristi della gente che sta intorno
odo le miserie e i rischi di questo viaggio senza ritorno.
Giovani senza storia accarezzano i pomeriggi fra computer
e la memoria persa lontana fra Armani e Fiorucci.
Ma sentire non potrò in queste nostre notti bianche
fra un silenzio ed un però il fiume che ti scorre dentro
le tue carezze appassionate, voglio andare via.
Ma sentire non potrò in queste sere abbandonate
dentro un sacco nel metrò il fiume che ti scorre dentro
le tue carezze appassionate, voglio andare via.

Nuovi giorni di settembre, 1991

Preludio del dormiente - Präludium des Schlafenden
Nuovi giorni di settembre - Septembertage
Madre - Mutter
Trotzdem ça va
Amica mia - Freundin
Quando la luna costava dieci Lire - Als der Mond zehn Lire kostete
Al crepuscolo - Dämmerung
Io Lei e Pietro - Sie, Pietro und ich
Dopo il concerto - Nach dem Konzert
Camminando - Weitergehen

PRÄLUDIUM DES SCHLAFENDEN

Rot, rot
weiss, weiss
wie rotglühende Morgendämmerung
wie verzweifeltes Schluchzen.
Gib, dass ich bin
gib, dass nicht alles
lediglich Erinnerung ist
unaufhörliches Ticken
der Uhren und Ereignisse
wir sahen sie schon und
liebäugelten mit ihnen
wenn Träume und Winde
uns in ihrer Gewalt hatten.
Rot, weiss
gib mir Kraft
gib dass ich wirklich bin
gib mir Feuer
damit es mich aufwärmt, wenn es kalt ist
gib mir Wasser
stille meinen Durst
gib mir Erde
ich will sie begehen und pflügen
aber vor allem
gib, dass ich bin
gib, dass ich bin
gib, dass ich bin.

PRELUDIO DEL DORMIENTE

Rosso, rosso
bianco, bianco
come un'alba rovente,
come un pianto sgomento.
Fa che io sia,
fa che tutto non sia
solo un ricordo
un eterno ticchettio
di orologi e di eventi
già visti e accarezzati
in balia di sogni
e di venti.
Rosso, bianco
donami forza
fa che io sia
donami fuoco
che mi scaldi dal freddo
donami acqua
che soddisfi la sete
donami terra
per camminare ed arare
ma sopratutto
fa che io sia
fa che io sia
fa che io sia.

SEPTEMBERTAGE

Und die Zeit geht dahin
streicht uns leise über die Hände
hinterlässt auf Kalenderblättern und Zeitungen
einen zarten Hauch.
Und du, erinnerst du dich noch an unsere
neuen Tage im September
so viele Worte schrieben wir
als die Sonne mit dem Schatten spielte.
Land, Erde, wo bist du nur?
Warum sprichst du nicht mehr mit mir
warum lächelst du mir nicht zu
warum schweigst du, Erde?
Erde, Land, was machst du?
Warum spendest du uns nicht mehr
die Frische deines Frühjahrs
deine kühnen Stürme
Zitrone und Anthrazit - deine Farben?
Die Zeit flieht dahin
und holt uns abends ein
wenn wir mit versteinerter Miene
alleine nach Hause kommen.
Und du, weisst du noch
wie schön es war
die Spaziergänge
im Schatten leerer Dörfer
im Schatten unserer Lieder.

NUOVI GIORNI DI SETTEMBRE

E il tempo se ne va
accarezzandoci le mani
lasciando un alito sottile
sul calendario e sui giornali.
E ti ricordi ancora
dei nuovi giorni di settembre
quante parole abbiamo scritto
fra giochi di sole e penombre.
Terra, terra dove sei?
Perchè non mi parli più
perchè non sorridi più
perchè taci, terra?
Terra, terra cosa fai?
Perchè non ci doni più
le tue fresche primavere
le tue tempeste ardite
limoni ed antracite
i tuoi colori.
E il tempo se ne va
rincorrendoci la sera
quando da soli ritorniamo
con una maschera di cera.
E ti ricordi ancora
com'era bello passeggiare
all'ombra di villaggi vuoti
e di canzoni da cantare.

MUTTER

Frühmorgens war's
als du mich zur Schule begleitetest
die Schulmappe voller Bücher
auf Schultern aus Stanniolpapier.
Die schwarze Sonne, ein Feuerball
Blut, Durst und das Spiel von Blumen und Tau
auf unseren dunklen Wegen.
Doch sag mir, Mutter
was glimmt in deiner irdenen Brust
deiner Brust, die irgend etwas verbirgt
sag, welches Licht läßt sie leuchten?
Mutter, erzähl mir nochmal
wieviele Löcher dein Pullover hatte
und dass ihr euch vor kurzem noch
tatsächlich heimlich geküsst habt
an Weihnachten.
Der Wind wiegte
die gefurchten Stämme der Palmen
und unversehens hob sich der Staub
über unsere heissen Abende;
und wirklich, eine Kleinigkeit genügte
um unser Herz wild schlagen zu lassen
sei's aus Freude, sei's aus Schmerz.
Mutter, erzähl mir nochmal
von damals, als Wasser noch wertvoll war
und ihr mit Ungeduld
auf das Brautkleid gewartet habt.
Sag, Mutter, ob's wahr ist
dass solch saubere Schuhe
tausend Sommernachtsträume bedeuteten.
Und ich suche etwas, etwas Grosses
das mich wachhält, inmitten der schlafenden Leute
und suche etwas, etwas Wahres
das mich weit blicken lässt
über diesen Pfad hinaus und
über diesen Garten
der am Morgen verblüht.

MADRE

Era presto, era mattina
quando mi accompagnavi a scuola
con la cartella piena di libri
sulle spalle di carta stagnola.
Il sole nero una palla di fuoco
sulle nostre strade buie il sangue,
la sete e il gioco di fiori e di rugiade.
Ma tu madre, dimmi cosa brucia
dentro il tuo petto d'argilla
il tuo petto che nasconde qualcosa
dimmi di quale luce brilla.
E tu madre, raccontami ancora
di quanti buchi aveva il tuo maglione
dimmi se è vero che solo allora
vi baciavate di nascosto a Natale.
Il vento muoveva i tronchi
rugosi delle palme
e la polvere si alzava d'improvviso
sulle nostre sere calde;
ma bastava un niente davvero
perchè il nostro piccolo cuore
battesse forte forte
di gioia e di dolore.
Ma tu madre, raccontami ancora
di quando l'acqua valeva qualcosa
e aspettavate con impazienza
un abito da sposa.
E tu madre, dimmi se è vero
che queste scarpe pulite
erano il sogno sincero
di mille sere d'estate.
E cerco qualcosa, qualcosa di grande
che mi faccia restare sveglio
fra tanta gente che dorme.
E cerco qualcosa, qualcosa di vero
che mi faccia guardare lontano
oltre questo sentiero
oltre questo giardino
che sfiorisce al mattino.

TROTZDEM ÇA VA

Draussen regnet's
das ist eigenartig
in diesem Mai
aus Feuer, aus Eisen und aus Filigran;
die Fenster stehen
der Gleichgültigkeit offen
dem Oxyd und den Verbindungen
und all dem wissenschaftlichen Schall und Rauch.
Du, mit deinem Kaffee, wie üblich
schalte das Radio aus, wenigstens einmal
setz dafür dein zerstreutes Herz in Betrieb
und wühl im Kleiderschrank
zieh dein Blumenkleid an
während es Ozonlöcher regnet
während die Tränen Afrikas fließen
versuche die Gerüche wahrzunehmen.
Lass den duftenden Morgen
in dein Zimmer ein
und was vom frühen Wisen übrig blieb
wie die Schriften aus Arabien.
Lass in den Wäldern der Dunkelheit
deinen Körper aus Salz und Methan
Luftsprünge ausführen
dort ist alles klarer.
Du, mit deinen Jeans, wie üblich
lösch diese Zigarette
und setze dein zerstreutes Herz in Brand
aber ohne Hast
denn du sollst dein Blumenkleid anziehen
auch wenn es Ozonlöcher regnet.
Lass uns, auch wenn Afrikas Tränen fliessen
hinausgehen und all die Düfte einatmen.
Trotzdem ça va! Auf dieser Welt.

TROTZDEM ÇA VA

E fuori piove
è cosa strana
in questo maggio di ferro e di fuoco
e di filigrana;
e le finestre aperte
all'indifferenza
all'ossido e alle catene
e al fumo della scienza.
Tu col tuo caffè di routine
spegni una volta la radio
accendi il tuo cuore distratto
e fruga nell'armadio
mentre piovono buchi d'ozono
indossa il tuo vestito di fiori
mentre piovono lagrime d'Africa
prova a sentirne gli odori.
E lascia nella stanza
il tuo profumo d'alba
i resti d'un sapere antico
come i papiri d'Arabia.
E lascia che il tuo corpo
di sale e di metano
volteggi nelle selve del buio
dove tutto è più chiaro.
Tu con i tuoi Jeans di routine
spegni quella sigaretta
accendi il tuo cuore distratto
ma non avere fretta
perchè anche se piovono buchi d'ozono
indossa il tuo vestito di fiori
anche se piovono lagrime d'Africa
andiamo a sentirne gli odori.
Trotzdem ça va! Auf dieser Welt.

FREUNDIN

Du meine Freundin
herumliegende Pullover und Egon-Schiele-Bilder
in deinem Zimmer
neben mir verrinnt dein Leben
und dreissig Zigaretten täglich
genügen dir nicht mehr
meine Freundin.
Könnte ich dir
von meinen Nächten erzählen, wie früher
und wie damals
verweilen, der Stille deiner Augen zuhören
und dann die schwarzen Miniröcke zählen
die haufenweise auf Feinstrumpfhosen und
Kassetten von Alice und Gentle Giant herumliegen.
Meine Freundin
in jenem Herbst hast du so viele Träume mit dir genommen
als du mein schwarzes Haar betrachtet
und mich nicht als den gesehen hast, der ich war
als du mir sagtest
der Regenzeit wegen würdest du die Koffer packen.
Meine Freundin
was bleibt mir noch von deinem Gesicht
jetzt, da ich es genau ansehe
ist es nur der Schatten jenes Lächelns
das meine Abende erhellte
und uns
auf den Schwingen eines Glases Wein
über flammende Ideen
über das übriggebliebene Abendbrot
hinweg trug.
Lass uns zusammenbleiben
in dieser Sturmnacht
die Zeit zählen, die uns bleibt
um nicht Schiffbruch zu erleiden
dem Rauschen des Meeres lass uns lauschen
seinem Gesang und seinem Zorn
seiner Stimme, seinem Sand.

AMICA MIA

Amica mia
la tua stanza piena di maglioni
e di quadretti di Egon Schiele
la tua vita che mi scorre accanto
e trenta sigarette al giorno non ti bastan più
amica mia
vorrei poterti raccontare
le mie notti come un tempo
e come allora
restare ad ascoltare dei tuoi occhi il silenzio
e poi contare le minigonne nere a mucchi sui collant
e su dei nastri di Alice e Gentle Giant.
Amica mia
quanti sogni ti sei portata dietro quell'autunno
quando guardavi i miei capelli neri
e non mi riconoscevi più
e mi dicevi che era il tempo delle pioggie
a farti preparare le valigie
amica mia,
cosa mi resta del tuo viso
adesso che lo guardo bene
è solo l'ombra del sorriso
che accendeva le mie sere
intorno ai fuochi di un idea
intorno ai resti di una cena
sulle ali di un bicchiere di vino
restiamo insieme in questa notte di tempesta
contiamo il tempo che ci resta
per non cadere dentro un fosso
e poi ascoltiamo il mare mosso
il suo canto e la sua rabbia
la sua voce, la sua sabbia.

ALS DER MOND ZEHN LIRE KOSTETE

Als der Mond zehn Lire kostete
und ein Eis eine Trumpfkarte wert war
als alle Mädchen schön in einer Reihe gingen
und kein Mensch eine Brille trug
als es Wasser in Hülle und Fülle gab
und wir aus Wenigem Spiele erfanden
als wir heimlich geraucht haben
unter einer Terrasse oder einem Regenschirm versteckt
- schön war das.
Und im Sommer fuhr man
mit klapprigen Autos in die Ferien;
wenn Riva Tore schoß, war's eine Freude
mitsamt dem Sessel jubelnd hochzuspringen
bis in den vierten Stock.
Als ein Skandal noch auf der Titelseite
der Zeitungen vermeldet wurde
als wir noch etwas zu sagen hatten
als der Mond noch zehn Lire gekostet hat
als noch Verlass darauf war,
dass das schöne Wetter im März beginnt
und der Winter am 21. Dezember
rannten wir an diesen Sonntagen
mit den abwechselnden Nummernschildern
den ganzen Weg
von der Piazza Lolli bis zur Via Venti Settembre
ohne anzuhalten
um zu spüren, dass wir lebten.
Und ich hab Geld aus deiner Tasche gestohlen
um uns Pralinen zu kaufen.
In der Arglosigkeit meiner Jugend erschien mir
alles so gross und wahr
es gab kaum Algen an den Stränden
zwischen den Muscheln und einem schwarzen Badeanzug
fragtest du mich, was morgen sein würde
ich hab gesagt, dass nichts dem Meer gleicht.
Als wir noch alles zu entdecken hatten
hat der Mond zehn Lire gekostet.

QUANDO LA LUNA COSTAVA DIECI LIRE

Quando la luna costava dieci lire
ed un gelato una briscola a danari
e le ragazze camminavano tutte in fila
e nessuno portava gli occhiali
quando avevamo acqua da buttare
e giocavamo con niente, però era bello
e si fumava di nascosto
sotto un balcone o sotto un ombrello.
E poi d'estate si andava in ferie
con le automobili di terza mano
quando segnava Riva era un piacere
saltar con la poltrona fino al quarto piano
quando uno scandalo era una notizia
da prima pagina sul quotidiano
quando avevamo ancora da dire
quando la luna costava dieci lire.
Quando il bel tempo cominciava a marzo
e l'inverno il ventuno dicembre
le domeniche con le targhe alterne
da Piazza Lolli a via Venti Settembre
la facevamo tutta di corsa
tutta d'un fiato per sentirci vivi
io ti rubavo i soldi dalla borsa
per poi comprarci i cioccolattini.
E nella mia ingenua adolescenza
tutto sembrava così grande e vero
e sulle spiaggie solo un filo d'alga
fra le conchiglie ed un costume nero
tu mi chiedevi: Che sarà domani?
Io rispondevo: Niente è come il mare.
Quando avevamo tutto da scoprire
quando la luna costava dieci lire.

DÄMMERUNG

Zu früh, um sagen zu können, ob das Spiel schön war
zu früh, um sich dessen zu erinnern
was im dichten Gesträuch
einer magischen Falle
eines absurden Lasters
einer schon vergebenen Sünde
heranwuchs.
Zu früh, um sagen zu können
ob du dich
eher an Brot oder an Wein
erinnern lassen willst
oder an Blumen, die begossen werden wollen
zu früh, die Blicke zu rauben, die du
im Spiegel der Tage nervös verlierst.
Zu früh, sagen zu können, ob noch Zeit übrigbleibt
sie den abendlichen Zärtlichkeiten zu schenken
um Gewänder anzulegen
die Schleier dieses unnachahmlichen Neumondes
dieses Frühlings.
Zu früh, um sich dem schwachen Lichtschein
dessen hinzugeben
was hätte sein können
und dessen, was sein wird
unsere Liebe ist das Segel und wir die Schiffe
bläst der Wind, sehen wir bald Land .
Halte mir die Hände
ich halte dir die deinen.

AL CREPUSCOLO

È presto per dire se il gioco è stato bello
e ricordare ciò che alberava dentro
i cespugli rugosi d'un magico tranello
di un vizio assurdo, d'un peccato redento.
È presto per dire se ti lascerai pensare
più vino, più pane, più fiori da innaffiare
è presto per rubare gli sguardi che perdi
sullo specchio dei giorni e dei nervi.
È presto per dire se resterà del tempo
da regalare alle carezze della sera
per indossare gli abiti, i veli dell'esempio
di questa luna nuova, di questa primavera.
È presto per abbandonarsi alle luci fioche
di quello che sarebbe stato e quello che sarà
il nostre amore è vela e noi siamo le barche
se soffia vento, presto la terra si vedrà.
Ma tu, tienimi ancora le mani.
ehi tu, ti tengo ancora le mani.

SIE, PIETRO UND ICH

Während alles unter einer Schneedecke lag
hast du dich bestimmt im Stillen aufgewärmt
die Schuhe verschlissen
doch mit einem leisen Lächeln
umgeben von starkem Weihrauchduft.
Wach dein Blick, der Körper krumm
auf der Bahn all die Kraft zu entladen
die du begierig gegen den Wind setzt
die deine Künstlermuskeln erzittern lässt.
Und ich träumte mit feurigen Schwingen
während mich die Welt umkreiste
und die Sonne die Wände
jenes eigenartigen Mittags sprengte
habe ich in ihren Giraffenhals gebissen
wie Unkraut füllte das fehlende Bewusstsein
die Leere meines Zimmers
und nährte sich von unseren Körpern.
Wieviele Morgen und Nachmittage
magst du wohl den Fahrrädern nachgerannt sein
mit Blut in den Augen, pulsierenden Knien
und dem Frühstück in der Tasche.
Und ich träumte und sah dich freudig
eine namenlose Fahne schwenken
eine durchsichtige Fahne
eine farblose Fahne.
Und Pietro lief
lief im Wind
lief weit
und schwebte schon über dem Boden.
Und Pietro lief
im Schweisse seines Angesichts
verraten von
Hunger und Schmerz.

IO LEI E PIETRO

E mentre tutto si copriva di neve
certamente ti scaldavi in silenzio
le scarpette bucate ma il sorriso lieve
in un forte odore d'incenso.
Lo sguardo attento in un corpo sbilenco
ma tanta birra da scaricare in pista
che agitavi ansioso anche controvento
che scuoteva i tuoi muscoli d'artista.
Ed io sognavo con ali di fuoco
mentre il mondo mi girava intorno
e il sole rompeva le pareti
di quello strano mezzogiorno;
ed io mordevo il suo collo da giraffa
e l'incoscienza come erba cattiva
riempiva i vuoti della mia stanza
e dei nostri corpi si nutriva.
E chissà quante mattine e quanti pomeriggi
ad inseguire le biciclette in corsa
col sangue negli occhi e le vene nei ginocchi
e la colazione nella borsa.
Ed io sognavo, ti vedevo contento
agitare una bandiera senza nome
una bandiera trasparente
una bandiera senza colore.
E Pietro correva
correva nel vento
correva lontano
a due passi dal cemento.
E Pietro correva
sputando sudore
dal volto tradito
dalla fame dal dolore.

NACH DEM KONZERT

Wenn nach dem Konzert
der letzte Ton verklungen
und schließlich auch die hinterste Reihe leer ist
schnürt ein eigenartiger Schmerz
eine melancholische Stimmung
meine Kehle zu
und lässt mich nicht mehr los.
Nach dem Konzert
dem letzten Applaus
zeigt mir der Spiegel mein Gesicht
ohne ein Lächeln
und verwundert frag' ich mich:
Hey, Alter,
was liegt verborgen
hinter der Mauer deiner vielen Fragen?
Wer weiss,
über welche Meere meine Stimme noch segelt
auf welchen Flüssen, wer weiss das schon
und ob heute Nacht
von all den Gesichtern
namenlos und ohne Alter
etwas übrigbleibt.
Nach dem Konzert
dem letzten Takt
unter fremden Laken
ein kaltes Essen in der Hitze der Scheinwerfer
und ein gutes Maigret-Buch;
völlig grundlos kommt mir plötzlich in den Sinn:
als ich ein Kind war
hatte ich nichts, wirklich nichts zu verlieren
in dieser sich niemals ändernden
noch unzerstörten Welt.
Und im fahlen Licht
halte ich inne:
was mir wohl bleiben wird, von diesem Abend?
Vielleicht der trügerische Schein der Erinnerung
und die grünen Augen jener Frau
in der zweiten Reihe.

DOPO IL CONCERTO

Dopo il concerto
dopo l'ultima nota
quando anche la fila in fondo
è ormai vuota
uno strano dolore
come una malinconia
mi prende alla gola
non mi lascia andare via.
Dopo il concerto
dopo l'ultimo applauso
lo specchio mi riflette
senza un sorriso
e mi domando stupito
ehi, vecchio cosa c'è
dietro il muro dei tuoi tanti perchè?
Chissà in quali mari la mia voce navigherà
chissà in quali fiumi, chissà?
E se dietro questi sguardi
senza nome e senza età
questa notte, qualcosa resterà.
After the concert
after the last beat
under some unknown sheet
a cold meal in the heat of the spots
and a good book of Maigret;
it comes to my mind when I was a child
all of a sudden
without any important reason
I had nothing, really nothing to lose
in this never changing world
not yet destroyed.
E fra luci soffuse mi fermo a pensare
a me di questa sera cosa rimane
forse il senso illusorio della retrospettiva
e gli occhi verdi di lei in seconda fila.

WEITERGEHEN

Zwischen einem sterbenden Fluss
und unaufmerksamen Menschen
nur der Geruch der Strassenarbeiten.
Kommt ihr Kinder und kauft euch „Torrone"
kauft Bänder und schmückt das Weihnachtsessen.
Ein Schwan aus Eis streift meine Gedanken
doch von gestern zu sprechen finde ich nicht den Mut
acrylnes Lächeln in seinem gleichgültigen Blick
zynischer möcht' ich sein, ihm Zahnweh wünschen.
Du wirst deinen Weg finden
wenn du weiter und weiter gehst
er wird sein, wie du ihn wolltest
zudem hast du's nicht weit.
Während du weitergehst, wirst du erkennen
dass du Mensch bist
vielleicht nicht gleich morgen
doch bald, du wirst sehn.
Während du weitergehst, wirst du kalte Hände bekommen
dann zieh Handschuhe an und schau dem Morgen ins Gesicht.
Das Telefon klingelt, ich sollt' mich rasieren
sollte ausgehen und hab keine Lust
mich und andere zu langweilen;
In dieser Welt voller Verrückten
zwischen Bomben und Raketen
versuche ich die Rettung
der Liebe.
An das Lächeln meiner Mutter denk ich
von ihren Träumen bitter enttäuscht
sah sie mich schon als Doktor
an ihre Zärtlichkeiten denk ich, ihre salzigen Tränen
damals an jenem traurigen Tag
da ich fortging.

CAMMINANDO

Tra un fiume che muore e la gente distratta
soltanto l'odore della strada rifatta.
Venite bambini, comprate il torrone
comprate i nastrini per il Natale e il cenone.
Un cigno di ghiaccio attraversa i miei pensieri
ma non trovo il coraggio di parlargli di ieri
un sorriso di acrilico nei suoi occhi indifferenti
vorrei esser più cinico da augurargli un mal di denti.
Camminando, camminando troverai la tua strada
sarà come la volevi e non è poi lontana
camminando, camminando scoprirai d'essere uomo
forse non sarà domani ma di certo avrà luogo.
Camminando, camminando avrai freddo alle mani
ed allora metti i guanti ed affronta il domani.
Il telefono squilla, ho la barba da fare
dovrei uscire ma non ho voglia di annoiarmi ed annoiare;
in questo mondo di pazzi cercherò di salvare
fra missili e razzi il bisogno di amare.
Ed io penso a mia madre e con lei i suoi sorrisi
mi vedeva dottore nei suoi sogni ormai in crisi
ed io penso alle sue carezze e al suo pianto salalo
quando venne il giorno triste in cui me ne sono andato.

Le pietre di Montsegur 1993

Elegia ai caduti - Elegie an die Gefallenen
Insieme - Gemeinsam
Amici di ieri - Freunde von Früher
Ehi che stress! - Was für'n Stress
Lo sparviero - Der Sperber
Terra - Heimaterde
Lungo il fiume dell'innocenza - Dem Fluss der Unschuld entlang
Primomaggio - 1. Mai
Ne pas se pencher au dehors - Nicht hinauslehnen

Globalverlag, München

ELEGIE AN DIE GEFALLENEN

Auf dass Freiheit aus dem Rauch der Stoppelfelder aufsteige!
Ihren Duft wird sie unter uns lassen
und getragen vom Lächeln des Abends
besingen wir jeden Sieg.
Möge Freiheit die Schande schmähen
und unsere Hände festhalten
uns ihre Farben bringen
bis es dunkel wird.
Gegen die Macht
gegen all die Anmassung und Arroganz:
Es lebe die Hoffnung:
Freiheit!
Gegen jeden Schmerz
und Rache
gegen all die korrupten Verknüpfungen:
Freiheit!
Gegen die Gewalt der Gleichgültigkeit,
damit wir nie vergessen, Ihr nie vergesst:
Freiheit wird sein!
Freiheit wird sein!

(All jenen gewidmet, die durch die Macht der Mafia umgekommen sind)

ELEGIA AI CADUTI

Che libertà salga dal fumo delle stoppie
e lascerà il suo respiro fra noi
e sul sorriso della sera
canteremo ogni vittoria.
Che libertà valga l'ingiuria dell'oltraggio
e porterà i suoi colori fra noi
e ci terrà strette le mani
fino a quando sarà buio.
Contro ogni potere
ogni tracotanza
in alto la speranza
libertà!
Contro ogni dolore
contro ogni vendetta
ogni connivenza
libertà!
Contro la violenza
dell'indifferenza
per non dimenticare mai
libertà sarà!
Libertà sarà!

(Dedicata a tutti caduti per mano della mafia di stato)

Musik uund Text: Pippo Pollina
© Global Musikverlag, alle Rechte bei Global Musikverlag, München

GEMEINSAM

Und du lachst bei jeder Gelegenheit aus vollem Herzen.
denn dein Garten ist ein Himmel voller Farben.
Es braucht Zeit, die wirst du haben.
um flugs deine Schmerzen zu vergessen!
Und wenn du Frieden suchst, dann ruf mich
wenn Du magst: Ich werde Dich begleiten.
Wenn der Sommer flieht, endet mein Spiel
ich kehr' nach Haus und träume schwer
Die Winde werden länger und die Nächte kühl
Freund, bleib einen Augenblick noch hier.
Draussen schreit die Welt
trink ein Glas eh der Rauhreif fällt.
Durch diese Strassen einer Stadt
dem Fluss dieses Lebens entlang
werden wir uns in einer alten Bar wiederfinden
bereit zu sagen: Es ist noch nicht aus.
Und wenn die Liebe in Dein Haus zurückkehrt
öffne die Fenster und lass sie atmen.
Ihr Hauch wird Rosenduft sein
ihr Gesang Betstubenruhe
Und wenn du dann Freude suchst, ruf' mich
wenn du willst: Ich werde dich begleiten.

INSIEME

E sorridi a piene labbra appena puoi
perchè il tuo giardino è un cielo di colori
e ci vuole tempo e tempo tu ne avrai
per dimenticare in fretta i tuoi dolori
e se pace cerchi chiamami se vuoi
io ti accompagnerò.
Wenn der Sommer flieht endet mein Spiel
ich kehr nach Haus und träume schwer
die Nächte werden länger und die Winde kühl
Freund bleib einen Augenblick noch hier.
Draussen schreit die Welt
trink ein Glas eh der Rauhreif fällt.
Per le strade di una città
lungo il fiume di questa vita
ci troveremo in un vecchio bar
pronti a dire: non è finita.
E se amore tornerà nella tua casa
apri le finestre e lascia che respiri
il suo vento avrà il profumo di una rosa
il suo canto sarà quiete di oratori
e se gioia cerchi chiamami se vuoi
io ti accompagnerò.

Musik und Text: Pippo Pollina/Linard Bardill
© **Global Musikverlag, alle Rechte bei Global Musikverlag, München**

FREUNDE VON FRÜHER

Wo du wohl sein magst
Freundin von gestern
und was du wohl tust?
Ob du glücklich
nah oder fern bist
in diesem Augenblick...
Mag sein, weil dieser Tag
viel zu grau ist
es mag wohl sein
weil ich dieses Leben nicht begreif'
es ist wohl, weil du mir
im Grunde fehlst
und wer weiss, ob du das weisst.
Wo du wohl sein magst
Freund von gestern
und woran du jetzt wohl gerade denkst?
Wer weiss, ob dein Lächeln
noch immer ein blauer Himmel ist
an dem nie Wolken aufziehn...
Es ist wohl, weil dieser Tag
viel zu kalt ist
und weil dein Leben
immer noch meines ist
und dass die Nacht
ohne dich so leer ist
und nicht enden will...

AMICI DI IERI

Chissà dove sarai
amica di ieri
chissà cosa fai
se sei felice
se sei vicina o lontana
oramai...
Sarà perchè è troppo grigia
questa giornata
sarà perchè non capisco
quella vita
sarà perchè in fondo mi manchi
e chissà se lo sai...
Chissà dove sarai
amico di ieri
e a cosa penserai
se il tuo sorriso
è ancora un cielo azzurro
e non fa buio mai...
Sarà perchè è troppo fredda
questa giornata
sarà perchè la tua vita
è ancora la mia vita
sarà perchè la notte
senza te è vuota
e non finisce mai...

Musik und Text: Pippo Pollina
© Global Musikverlag, alle Rechte bei Global Musikverlag, München

WAS FÜR EIN STRESS

So ein Stress, hey!
Ich schaff's nicht mehr zu arbeiten.
So ein Stress, hey!
Kann nicht mal mehr richtig denken.
Interessiert mich doch alles nicht.
Könnte diesen Computer im Meer versenken!
Mir dröhnt der Kopf
Kann Sponsoren und Promoter nicht ausstehen.
So ein Stress, hey!
Kann nicht mehr weiterarbeiten.
Was für ein Stress, hey!
Kann die Ferien kaum erwarten.
So ein Stress, hey!
Hab' ein Mobiltelefon
'ne digitale Fernsteuerung
dafür hab'ich ein Darmgeschwür
und Schmerzen im Rückgrat.
So ein Stress, hey!
Bis sieben muss ich mit allem fertig sein.
So ein Stress, hey!
Schon dreissig Zigaretten geraucht
was kümmern mich die Börsenkurse?
Mach die Türe zu, bitte
mein Kopf fühlt sich an wie in einem Schraubstock.
So ein Stress, hey!
Mag nicht mehr arbeiten.
So ein Stress, hey!
Kann nicht einmal mehr denken.
So ein Stress, hey!
Hab'ein neues Auto und 'ne Videokamera
Computergames und Compactdiscs
aber mein Herz funktioniert nicht
hab' nicht einmal mehr Lust, Liebe zu machen.
So ein Stress, hey!
Wenn ich abends nach Hause komm'
geh' ich mit den Videogames ins Bett
und das ist alles, was mir bleibt.
Ich frag mich bloss: Für wen tu'ich das eigentlich?
So ein Stress, hey!

EHI CHE STRESS!

Ehi che stress!
Non ce la faccio più di lavorare.
Ehi che stress!
Non ci riesco neanche più a pensare.
Non mi interessa, butterei a mare questo computer!
Mi gira la testa
odio gli sponsor ed i promoters.
Ehi che stress!
Non ce la faccio più di lavorare.
Ehi che stress!
Non vedo l'ora di andare in ferie.
Ehi che stress!
C'ho il telefono cellulare
il telecomando digitale però c'ho l'ulcera duodenale
ed un dolore alla cervicale.
Ehi che stress!
Devo finire tutto entro le sette
Ehi che stress!
Ho già fumato trenta sigarette.
E non m'importa dei cambiamenti in borsa
ti prego chiudi la porta, ho la testa tutta chiusa in una morsa.
Ehi che stress!
Non ce la faccio più di lavorare.
Ehi che stress!
Non ci riesco neanche più a pensare.
Ehi che stress!
C'ho l'auto nuova e la cinepresa
i videogiochi ed il Compact-disq
però c'ho il cuore che non funziona
non ho più voglia di fare l'amore.
Ehi che stress!
La sera stanco quando torno a casa
mi butto a letto con i video-games
e tutto questo è quello che rimane
ma mi domando: Chi me lo fa fare?
Ehi che stress!

Musik und Text: Pippo Pollina
© **Global Musikverlag, alle Rechte bei Global Musikverlag, München**

DER SPERBER

Der Sperber fliegt
über Papierhimmel
über Nebel schwarzen Rauchs
über die Trümmer von Agartha.
Der Sperber fliegt
und er wird weiterfliegen
über dem grünen Pfad
der nach Morgenröte riecht.
Der Sperber fliegt
zeichnet Sonnenuntergänge
und weckt quälende Gedanken.
Dann verliert er sich im Wind
und lässt uns bloss
das sanfte Schaukeln
eines Segelschiffs an der Mole.
Niemand wird je wissen
wie viel Wahres an der Wirklichkeit ist
der wir die Fackel halten.
Der Sperber fliegt dahin und ist
nur mehr ein dunkler Punkt am Horizont...

LO SPARVIERO

Vola lo sparviero
su cieli di carta
su nebbie di fumo nero
sui resti di Agartha.
Vola lo sparviero
e volerà ancora
sul verde sentiero
che profuma d'aurora.
Vola lo sparviero
disegna tramonti
affligge il pensiero
sfiorando tormenti.
E si perde nel vento
lasciandoci solo
il tenue movimento
di un veliero nel molo.
E nessuno mai saprà
cosa c'è di vero
in questa realtà
a cui teniamo il cero.
Vola lo sparviero
ora è solo un punto scuro...

Musik und Text: Pippo Pollina, Santino Famulari, Markus Kühne
© Global Musikverlag, alle Rechte bei Global Musikverlag, München

HEIMATERDE

Weisst du, es gibt einen Ort, wo der Erdboden glüht
ein Land, das mein Herz erwärmt und mich nicht mehr los lässt.
Seine Regen sind Frühjahrstränen
Aprillust auf den Schatten dieses Abends.
Sag mir, was ist es, das mich dabei ertappt
wie ich des Nachts wach bin-
sage mir, warum.
Bevor die Sterne verblassen und der Mond erlischt
Dunkle Vertrautheit in der ersten Sonne zerbricht
Zieh' ich tastend mich in die Nacht zurück
Singende Lichter mich weckender Augenblick.
Milchstrassenlang
Bis meine schlafende Erde sich aufmacht, zu blühendem Gang.
Und dort, wo ein verlorner Traum endet
wird mein Land uns finden
über die Grenzen trägt uns ein Lied mit sich fort
dorthin, wo der Horizont sich verliert...
Und wenn die Erinnerung eine Laune des Gedächtnisses ist
verzweifelter Epilog dieser Geschichte
werd' ich die Welt zum Hafen meiner Schmerzen machen
meiner Hoffnungen und Träume, meines Wehklagens...
Sag' mir, was es ist,
das mich an bessere Tage glauben lässt
und sage mir, weshalb.
Und dort, wo ein verlorner Traum aufhört, wird es uns finden
dort, wo der Horizont sich verliert... wird der Horizont sein.

TERRA

Da qualche parte c'è una terra che brucia, lo sai
che mi riscalda il cuore e non mi abbandona mai
e le sue pioggie sono lagrime di primavera
voglie d'aprile sulle ombre di questa sera
Dimmi cos'è
che mi sorprende a vegliare la notte, dimmi perchè!
Bevor die Sterne verblassen und der Mond erlischt
Dunkle Vertrautheit in der ersten Sonne zerbricht
Zieh' ich tastend mich in die Nacht zurück
Singende Lichter mich weckender Augenblick.
Milchstrassenlang.
Bis meine schlafende Erde sich aufmacht, zu blühendem Gang.
Ed al confine di un sogno perduto ci porterà
über die Grenzen trägt uns ein Lied mit sich fort
laddove si perde l'orrizzonte...
E se il ricordo è un capriccio della memoria
il disperato epilogo di questa storia
farò del mondo il porto dei miei dolori
delle speranze, dei sogni, dei miei clamori
dimmi cos'è
che mi fa credere in un tempo migliore
dimmi perchè!

Musik und Text: Pippo Pollina/Linard Bardill
© Global Musikverlag, alle Rechte bei Global Musikverlag, München

DEM FLUSS DER UNSCHULD ENTLANG

Ist's mystische Weisheit
dein scheinbar weitblickendes Zaudern
oder hast auch du, immerwährender Freund
Angst vor deinem eigenen Schatten?
Ist's bloss Angespanntheit angesichts des Unendlichen
seelenhafte Intuition
oder sind's Zweifel eines Menschen
der Grenzen des Seins überschritten hat
ist's unterdrückte Frühlingssehnsucht?
Atmest du wirklich nur saubere Luft
oder hälst du den Atem an
um dir Wünsche zu ersparen, die du der Sonne preisgibst
die du zum Trocknen in den Wind hängst
Schattenzonen deiner Existenz, die du verbergen willst
dabei haben wir doch eben noch
zusammen gespielt.
Und nun, da ich begreifen
da ich wirklich wachsen müsste
sag' ich dir, dass Sünde
ein dunkler Überwurf ist
den ich trage, um mich nicht zu beschmutzen
mit den Schwächen, die andere nicht lassen können
mit den kleinen Lastern im letzten Moment
mit dem Lamentieren über Wenn und Aber.
Nun, da ich imstande sein müsste
meinen Herzschlag im Zaum zu halten
kann ich mein Herz nur
fern von allem Lärm wahrnehmen;
nun, da die Zeit der Vernunft
kommen müsste
spielt meine Uhr
an jedem neuen Ort verrückt.
Wie gern ich doch den abfahrenden Zügen nachblicke ...
Wie schnell sie in die Richtung des Meeres sausen ...

LUNGO IL FIUME DELL'INNOCENZA

E' solo mistica saggezza
quell'indugio lungimirante
o anche tu, amico di sempre
hai paura della tua ombra?
E' solo tensione d'infinito
intuizione d'animo
oppure dubbio di frontiera
malcelato bisogno di primavera?
E' solo ossigeno ciò che respiri
oppure, dimmi, trattieni il fiato
per risparmiare i desideri esposti al sole?
Appesi al vento per asciugare
zone d'ombre da occultare
eppure giocavamo insieme
fino a poco tempo fa.
E adesso che dovrei capire
che dovrei crescere per davvero
ti dico che il peccato
è un soprabito scuro;
lo tengo addosso per non sporcarmi
delle debolezze altrui
dei vizi in „zona Cesarini"
dei discorsi col senno del poi.
E adesso che dovrei essere in grado
di regolare i battiti del cuore
riesco soltanto a percepirlo
lontano da ogni rumore;
e adesso che dovrebbe arrivare
il tempo della ragione
il mio orologio impazzisce
ad ogni nuova stazione.
Come amavo guardare i treni partire...
Come vanno veloci verso il mare...

Musik und Text: Pippo Pollina
© Global Musikverlag, alle Rechte bei Global Musikverlag, München

1. MAI

Wie wahr es ist, dass kaum Raum bleibt
weil die Zeit uns die Kehle zuschnürt:
wie wahr es ist, dass kaum mehr schöpferische
Zwietracht ist, Resignation nur noch;
wie wahr es ist, dass sich
Schmerz in unsre Flanken schleicht
der uns erschöpft und ausbrennt
und allmählich ermüdet.
Und die Erinnerung erscheint uns
nun sanft und klar
wie das Bild des Tauben,
der mit präzisen Gesten alles sagt;
was wartest du noch, Liebste
auch Feldblumen brauchen das Meer
aber sie hat uns verlassen
sie ist nicht mehr in diesem Haus
bloss noch ein Hauch von ihr zwischen den Mauern
nur noch ihr Rosenduft...
wohlan denn...
mischen wir uns unter das Marktvolk
das Licht zu suchen;
die Vergangenheit werden wir
für ein Butterbrot erstehen
und für eine heitere Nacht
ohne trügerischen Mondenschein
der den Sinn dieses Essens verfälschte
bei dem es auf nichts anzustossen gilt.
Mit Salzwasser lass uns
die Gläser füllen
nur Worte von einst
werden wir zu sagen haben.
Aber eines Tages muss doch
durch das Wechselspiel der Generationen
die Lust zurückkehren
herauszuschreien: Es lebe die Freiheit!

PRIMOMAGGIO

Com'è vero che stringe
la forca del tempo
com'è vero che piange
il piatto del dissenso
com'è vero che sfugge
il dolore dai fianchi
e ci sfianca e ci strugge
e ci rende più stanchi.
E ci sembra il ricordo
più lieve ed asciutto
alla stregua di un sordo
che coi gesti fa tutto;
e amore mio cosa rimani a guardare
anchi i fiori di campo han bisogno del mare
ma lei ci ha lasciato
non è più in questa casa
fra le mura il suo afflato
il suo profumo di rosa...
e allora e allora...
andiamo al mercato
a cercare la luce
compreremo il passato
in cambio di una noce
e di una notte serena
senza la luna a guastare
il senso di questa cena
con poco vino da bere; e poi...
bagniamo il bicchiere
con dell'acqua salata
non avremo da dire
che parole d'annata.
Ma dovrà pur tornare
per i giochi di età
la voglia di gridare
viva la libertà.

Musik und Text: Pippo Pollina
© **Global Musikverlag, alle Rechte bei Global Musikverlag, München**

NICHT HINAUSLEHNEN (NE PAS SE PENCHER AU DEHORS)

Es ist gefährlich, aus dem Fenster zu lehnen
denn sonst fällst du in den Tunnel hinaus
wo nur Dunkelheit und Stille herrschen
und sich alles Alberne verliert.
Wie gern wir uns doch in diesem kalten Winter
nah an das Feuer einer Vorstellung rücken
und uns -scheinbar intim-
gegenseitig mit
Gemeinplätzen zum Weltgeschehen bekleckern.
Komm, hör doch mit deinen Gebrechen auf
ich will nichts wissen von deiner Arbeit, noch wie alt du bist
will nur deinem langen Atem lauschen
als Eintrittskarte in die Ewigkeit:
Und plötzlich hagelt es Wunder über uns
ein Sturm der die Grenzen sprengt
bereichert kommen wir zu uns
mit der Gewissheit und der Sehnsucht
uns abermals zu entdecken.
Es ist gefährlich, aus dem Fenster zu lehnen
weil wir fürchten, zu entdecken
wie wertvoll alles ist, was wir finden könnten
und wie nah jenes Meer
das es zu durchqueren gilt.

NE PAS SE PENCHER AU DEHORS

Pericoloso sporgersi dal finestrino
che si precipita giù in galleria
dove c'è solo buio e silenzio
e si diradano le fatuità.
Ci piace molto in questo inverno freddo
stringerci intorno al fuoco di un immagine
spalmarci addosso confidenze d'epoca
con la vaghezza dell'intimità.
E non parlarmi più dei tuoi malanni
nè del lavoro, nè della tua età,
voglio ascoltare il tuo lungo respiro
come un biglietto per l'eternità.
Adesso qui tutto è prodigio e grandine
ed è bufera che va oltre i limiti
e si ritorna da dove si è venuti
con la ricchezza del trovarsi ancora.
Pericoloso sporgersi dal finestrino
abbiamo paura di scoprire
quanto è prezioso
quello che potremmo avere
quanto è vicino quel mare da attraversare.

Musik und Text: Pippo Pollina
© Global Musikverlag, alle Rechte bei Global Musikverlag, München

Dodici lettere d'amore 1995

Questo vivere soltanto - Dieses blosse Dahinleben
Malatesta
Passioni - Leidenschaften
L'uomo coi fiori in mano - Der Mann mit den Blumen
Seconda Repubblica - Zweite Republik
Leo
Tango per due - Tango für zwei
Vorrei dirti - Was ich dir sagen möchte
Per amare Palermo - Um Palermo zu lieben
Julian
Lontana terra - Fernes Land

Globalverlag, München

DIESES BLOSSE DAHINLEBEN

Es wird diese magische Atmosphäre sein
die mir den Weg freiräumt
wortlose Verständigung
morgendliches Innehalten
dein Lächeln unversehens
das mich noch einmal Atem holen läßt.
Und es wird die Art dieser Geste sein
der Fall eines jeden Mythos
in der Angst vor dem Ungewissen
die Sehnsucht nach Unendlichkeit
und nach Regen auf den Kornkammern
und nach einer verdeckten Sonne
bis ich eines Tages wieder stillstehen werde
bis ich eines Tages fortgehe.
Und es wird das Erwachen eines Kindes sein
sein zielloses Spiel
zwischen den Schatten des Gartens
den Zacken eines Z
dieses blosse Erleben
eines beliebig sich wiederholenden Augenblicks.
Und diese leichte Ernüchterung wird es sein
Trägheit eines Lebens
das sich in Erwiderung erschöpft
überladen mit Worten
leeren Versprechungen und Seemannsgarn
immer sicher und über jeden Zweifel erhaben
bis ich dereinst stillstehen
eines Tages verschwinden werde.

QUESTO VIVERE SOLTANTO

E sarà questa magica atmosfera
che mi schiuderà il cammino
comunicazione eterea
nel ristoro del mattino
il sorriso tuo impensato
a ridarmi ancora fiato.
E sarà di quel gesto il movimento
la caduta di ogni mito
e del buio lo sgomento
desiderio di infinito
e di pioggia sui granai
e di un sole ormai smarrito
quando un giorno mi fermai
quando un giorno me ne andai.
E sarà il risveglio di un bambino
il suo gioco senza meta
fra le ombre del giardino
fra le curve della zeta
questo vivere soltanto
di un ennesimo momento.
E sarà questo lieve disincanto
a destarmi dal torpore
di una vita di rimando
ubriaca di parole
di promesse e marinai
di certezze e dubbi mai
quando un giorno mi fermai
quando un giorno me ne andai.

Musik und Text: Pippo Pollina
© **Global Musikverlag 1995; alle Rechte bei Global Musikverlag, München**

MALATESTA

So viele Strassen unter meinen Sohlen.
Von Frankreich zu den Säulen der Astarte
ich hielt mich nie zurück
alle in einem Atemzug zu zählen .
Doch mir bleibt Hoffnung
ein wenig auszuruhen
auf dieser feuchten Erde
auf dieser tiefen Stille des Tales.
So viele Strassen in meinem Leben
von Sizilien bis zu den Seen des Himmels.
Ich habe es gesehen vom Gipfel zum Grund
der ich die halbe Welt bereist habe.
Mir bleibt noch Zeit
mich ein bisschen auszuruhen
im Nieselregen
unter den weissen Aprilwolken.
Der ich liebte und geliebt wurde
der ich Schmerzen bereitete und Liebe bekam.
Mir bleibt Zeit für einen Kaffee
zwischen Regen, Metro und tausend Fragen.
Der ich alles gab, da mir alles gegeben wurde.
Das Leben war ein Fest
ich trank es aus in einem Zug.
Mir bleibt noch Hoffnung und ein Lächeln
meine Wangen mit reifen Trauben zu füllen.
Der ich liebte und geliebt wurde.
Der ich Schmerzen bereitete und Liebe bekam.
Mir bleibt noch Zeit, viel mehr als dir
der du Mut singst ohne zu wissen, was das ist.
Ich gab alles, weil ich alles verlor.
Das Leben war Erinnerung, ein brennendes Streichholz.
Aber mir bleibt noch Hoffnung und ein Lächeln,
meine Wangen mit reifen Trauben zu füllen.

In Gedenken an Pino Giannola

MALATESTA

Quante strade sotto le mie scarpe
dalla Francia alle colonne d'Astarte
io che non mi sono mai risparmiato
a contarle davvero tutte d'un fiato
ma di speranze ne avrò
di riposarmi ancora un pò
su questa terra bagnata
su questi fitti silenzi di vallata.
Quante strade sotto la mia vita
dalla Sicilia ai laghi del cielo
io che l'ho vista da cima a fondo
io che ho girato metà del mondo
io di tempo ne avrò
per riposarmi adesso un pò
sotto la pioggia sottile
sotto le bianche nuvole d'aprile.
Io che ho dato amore e ho avuto amore
che ho dato dolore e ho avuto amore
io di tempo ne avrò anche per un caffè
fra la pioggia e il metrò fra i miei cento perchè
io che ho dato tutto perchè tutto m'han dato
la vita era uno schianto l'ho bevuta d'un fiato
ma di speranze ne avrò e di sorrisi pure
a riempir le mie guancie di uve mature.
Io che ho dato amore e ho avuto amore
che ho dato dolore e ho avuto amore
io di tempo ne avrò molto più di te
tu che canti il coraggio senza sapere cos'è
io che ho dato tutto perchè tutto ho perduto
la vita era un ricordo un fiammifero acceso
ma di speranze ne avrò e di sorrisi pure
a riempir le mie guancie di uve mature.

Dedicato alla memoria di Pino Giannola

Musik und Text: Pippo Pollina
© Global Musikverlag 1995; alle Rechte bei Global Musikverlag, München

LEIDENSCHAFTEN

Augenblicke
flüchtige Eindrücke
reissen mich, unschuldig
hinein in ein strudelndes Meer der Leidenschaften.
In meinen vier Wänden verführt
an einem wonnigen Wochenende.
Mich werde ich verbrennen
und dich zum Leuchtturm aus Blumen machen.
Wie oft habe ich dich schon gesehen
wie oft gespürt.
Augenblicke
Zärtlichkeiten
unbestechliches Brennen.
In meinen vier Wänden verführt
an einem wonnigen Wochenende.
Mich werde ich verbrennen
und dich zum Leuchtturm aus Blumen machen.
So gross bist du, Kleine
in deinen naiven Verstimmungen
den Feinheiten deines sanften Blicks.
Ja, Kleine, du bist gross
in deinen absatzlosen Schuhen
im Meer deiner Augen.

PASSIONI

Attimi
fuggevoli impressioni
mi trascinano incolpevole
in un mare vorticoso di passioni.
Domestica demagogia
di una domenica dinamica
di me farò un falò
e di te un ... faro di fiori.
Quante volte ti ho già vista
e quante volte ti ho già sentita.
Attimi
carezze irripetibili
ardori incorruttibili.
Domestica demagogia
di una domenica dinamica
di me farò un falò
e di te ... un faro fi fiori.
Eh si, piccola sei grande
lo sei nelle tue irritazioni ingenue
nelle sottigliezze del tuo sguardo tenue.
Eh si, piccola sei grande
lo sei nelle tue scarpe senza tacchi
nel mare dei tuoi occhi.

Musik und Text: Pippo Pollina
© Global Musikverlag 1995; alle Rechte bei Global Musikverlag, München

DER MANN MIT DEN BLUMEN

Der Mann mit den Blumen
geht um in den Gassen der Stadt
einige nehmen Abstand, wenn er kommt
andere nähern sich, bleiben stehen und grüssen ihn.
Seine Knospen aus dem Kühlraum lassen schon
die Köpfe hängen wie ausgezählte Boxer.
Verhalten hält er sie dir hin
ein angedeutetes Lächeln um die Lippen .
Der Mann mit den Blumen
ist in dunkle Würde gehüllt
er schwankt bei jedem Windhauch
weicht mitleidigen Heuchlerblicken.
Wenn du willst, erzählt er Märchen
oder für jede Rose eine Liebesgeschichte
an die du dich erinnern kannst, wenn es
kalt wird in jedem Winkel deines Herzens.
Wie schön war Uganda
wie ist wohl das Wetter dort
wie schön war Uganda
ob es jetzt wohl regnet?

L'UOMO COI FIORI IN MANO

L'uomo coi fiori in mano
si aggira fra i vicoli della città
qualcuno lo vede e s'allontana
qualcuno si avvicina, si ferma, lo saluterà.
Le sue gemme al carbonio pendono secche
come pugili suonati
lui te li porge discreto
con un sorriso disegnato sulla bocca.
L'uomo coi fiori in mano
è vestito di scura dignità
barcolla ad ogni alito di vento
ad ogni sguardo di ipocrita pietà
può raccontarti una favola
e per ogni rosa rossa un amore
da ricordare per quando farà freddo
in ogni angolo del cuore.
Com'era bella l'Uganda
chissà che tempo farà.
Com'era bella l'Uganda
chissà se adesso pioverà.

Musik und Text: Pippo Pollina
© **Global Musikverlag 1995; alle Rechte bei Global Musikverlag, München**

ZWEITE REPUBLIK

Mach doch den Fernseher aus!
Kopf und Herz tun mir schon weh.
Viel lieber würde ich dich tanzen sehen
Samba, einen Tango oder Cha Cha Cha.
Mach doch den Fernseher aus!
Wenigstens, wenn wir essen.
Es bleibt kein Moment sich in die Augen zu sehen
keine Zeit mehr zum Reden.
Ich habe genug vom Vulgären
von den neuen verlogenen Politikern
von den aktuellen sardischen Entführern.
Mach doch den Fernseher aus!
Du wirst noch zur Marionette
ein süchtiger Besessener, ein Vollidiot.
Avanti popolo!
Massen von Ignoranten
braucht die Nation um voran zu kommen.
Avanti popolo!
Sonderangebote
„Solche Produkte habt ihr noch nie gesehen".
Avanti popolo!
In Gottes Namen
im Namen des Gottes, der uns lieb und teuer ist
im Namen des Gottes Geld.
Mach doch den Fernseher aus!
Kopf und Herz tun mir schon weh.
Ich möchte dich singen hören:
„Nel blu dipinto di blu"
Mach doch den Fernseher aus!
Du bist ganz schön heruntergekommen
ein lächerliches Wrack
mit der Fernbedienung in der Hand.
Mach doch den Fernseher aus!
Mindestens wenn wir essen wollen.
Es sind schon Jahrhunderte
seit wir nicht mehr miteinander sprechen
Jahre, dass wir nicht mehr streiten.

SECONDA REPUBBLICA

Spegni quella televisione
che mi fa male la testa e il cuore
vorrei piuttosto vederti ballare
la samba il tango o il cha cha cha.
Spegni quella televisione
almeno quando dobbiamo pranzare
che non c'è spazio per guardarsi negli occhi
che non c'è tempo per parlare.
Spegni quella televisione
che ne ho abbastanza di volgarità dei nuovi politici bugiardi
degli ultimi sequestratori sardi.
Spegni quella televisione
stai diventando una marionetta
un ossesso dipendente, un emerito demente.
Avanti popolo
di masse di ignoranti
il paese ha bisogno per andare avanti.
Avanti popolo
consigli per gli acquisti di prodotti del genere
non ne avete mai visti.
Avanti popolo
in nome di Dio
del Dio che c'è più caro
in nome del Dio danaro.
Spegni quella televisione
che mi fa male la testa e il cuore
mi piacerebbe sentirti cantare
„Nel blu dipinto di blu"
Spegni quella televisione
che sei ridotto veramente male
che sei un ridicolo rottame allo sbando
con in mano quel telecomando.
Spegni quella televisione
almeno quando dobbiamo pranzare
che sono secoli che non parliamo
che sono anni che non litighiamo.

Musik und Text: Pippo Pollina
© **Global Musikverlag 1995; alle Rechte bei Global Musikverlag, München**

LEO

Sag, wie wird es sein
dein aufmunterndes Lächeln
das du mir in den letzten Augenblicken dieses Abends
schenken wirst.
Wenn ich deine zärtlichen Schmähreden
noch einmal lese
wenn ich deine Wasser nochmals an meinen Ufern höre
und du mir noch immer Benommenheit
vor meine Tür malst
wie beim ersten Mal.
Steig aus diesem Bett, Leo!
Es ist noch nicht Zeit zu verschwinden.
Verflucht seist du, Leo!
Wie die Verse, die du mich nie hast verstehen lassen.
Avec le temps tout s'en va...
Schenk mir noch mal ein.
Wein mit Schweiss lass uns mischen
in jeder Biegung unserer Gläser
in jeder Ecke meiner Traurigkeit.
An den Messern deiner Lästerungen
werden wir uns sicher verletzen.
Die Trauben deiner Lese
werden uns um den Verstand bringen.
Steig aus diesem Bett, Leo!
Es ist noch nicht Zeit zu verschwinden.
Sei verflucht, Leo!
Wie die Verse, die du mich nie hast verstehen lassen.
Avec le temps tout s'en va...
Komm aus diesem Zimmer, Leo
denn noch ist nicht Zeit zu schweigen.
Es kann gar nicht genug Leben geben, Leo
dass du es dir so entwischen lässt.
Avec le temps tout s'en va.

Ins Französische übertragen von Georges Moustaki

LEO

Dimmi come sarà quel sorriso d'atmosfera
che mi regalerai in quello strascico di sera
quando rileggerò le tue candide invettive,
quando riascolterò le tue acque sulle mie rive
e mi disegnarai come la prima volta
una profonda vertigine davanti la mia porta.
Scendi da quel letto Leo
che non è ancora il tempo di sparire.
Che tu sia maledetto Leo
come i versi che non mi hai lasciato capire.
Avec le temps tout s'en va.
Et verse-moi encore à boire
mêlons le vin à la sueur
dans chaque courbe de nos verres
aux quatre coins de ma douleur
sur les couteaux de tes blasphèmes
sans doute nous nous blesserons
et le raisin de tes vendanges
nous fera perdre la raison.
Scendi da quel letto Leo
che non è ancora il tempo di sparire.
Que tu soies maudit Léo
et les vers que tu ne m'as pas fait comprendre.
Esci da quella stanza Leo
che non è ancora il tempo di tacere.
Il n'y a pas assez de vie Léo
pour la laisser s'enfuir comme ça.
Avec le temps tout s'en va.

Adattamento in francese di Georges Moustaki
Musik und Text: Pippo Pollina
© Global Musikverlag 1995; alle Rechte bei Global Musikverlag, München

TANGO FÜR ZWEI

Lass es zu, dass Gefühl
und nicht der Schatten der Ungewissheit
den Unterschied von
Distanz und Zärtlichkeit
Geschwätz und wirklichem Gespräch besiegeln
von Morgengrauen und Dämmerung
Gewohnheiten und Hellsichtigkeit.
Lass die Lust
den Verlauf des Begehrens
unserer gemeinsamen Sprache
unverblühtes letztes Blatt
uns an die Verantwortung erinnern
an das Feuer, das uns umlodert
daran erinnern
dass Appetit mit Hungern,
Müdigkeit mit Schlaf einhergeht.
Lass, dass Friede
unseren innersten Weg diktiere
unser Hochjubeln alltäglicher Verrücktheiten
mit zaghaftem Vorbehalt belege.
Und lass die Stille
lass eine Brise von uraltem Stolz
uns Würde und Bürde
unseres Wiedererwachens auferlegen.
Es soll uns mit Trauben und Geduld bewehren
mit gesundem und starkem Geäst
mit Übermut und Duldsamkeit
lieblichen Auen und kühnen Klippen
es möge uns Wein und Brot spenden
und unsern Kindern eine Vorstellung
davon, wieviel uns zuteil wird
von der Göttin der Gerechtigkeit.
Der Frühling fülle schließlich
unsere Fenster
und dichter Sternenglanz am Firmament
erleuchte unsere Abende.

TANGO PER DUE

E lascia che sia l'istinto
non l'ombra dell'incertezza
a suggellare distinto
il distacco dalla tenerezza
le banali forme del dire
da quelle piene d'essenza
l'alba dall'imbrunire
il vezzo dalla veggenza.
E lascia che sia la voglia
la curva del desiderio
la verde ultima foglia
del nostro vocabolario
a ricordarci il rigore
la fiamma che ci arde intorno
dell'appetito il languore
della stanchezza il sonno.
E lascia che sia la pace
a dettarci l'intima via
a macchiar d'ansia fugace
l'elogio della pazzia
e lascia che sia il silenzio
la brezza d'antico orgoglio
a imporci l'onore e il dazio
di questo nostro risveglio.
Che ci armi d'uve e pazienza
di sane e robuste fronde
di gioie, di tolleranza
di amene e di ardite sponde
che ci offri del vino e del pane
e ai nostri figli un idea
di ciò che ci appartiene
della bendata dea.
Che riempia di primavere
le nostre finestre infine
che illumini le nostre sere
di fitte stelle al confine.

Musik und Text: Pippo Pollina
© Global Musikverlag 1995; alle Rechte bei Global Musikverlag, München

WAS ICH DIR SAGEN MÖCHTE

Für dich, die leicht schlafen kann
den Atem an Träume
von einem Sonntag im Schnee
von einem Tag auf Berggipfeln gehängt.
Für dich, die noch immer
auf die Frühlingssonne warten kann.
Für dich, die mich still erträgt
ohne meine Hand loszulassen.
Für dich, die du mich immer verstehst
auch wenn du dann nie sprichst
das Herz der Leute anhörst
ohne nach ihm zu greifen.
Für dich, die vielleicht einmal ein anderes Leben
gewünscht hat.
Für dich, die du jede Minute wie ein Jahr empfindest
ein Lied, das nie endet.
Für dich, die nachdenklich auf die Lügen dieser Welt schaut
Rosenblätter aufsammelt
das entfernte Sehnen des Windes.
Die du allein in der Dämmerung
die Balkonblumen giesst
dann innehältst
deinen Sohn beim Ballspielen zu betrachten.
Für dich, die leise anklagt
und mir allmählich von langgehegten Träumen erzählt.
Und all das ist noch immer Liebe.
All das ist noch immer Leben.
Das alles möchte ich dir sagen.

VORREI DIRTI

Per te che sai dormire lieve
con il respiro appeso ai sogni
di una domenica di neve
di una giornata in cima ai monti.
Per te che sai aspettare ancora
il sole della primavera
per te che mi sopporti piano
senza lasciare la mia mano.
Per te che mi capisci sempre
anche se poi non parli mai
che ascolti il cuore della gente
senza sfiorarlo neanche un pò.
Per te che forse avresti un giorno
desiderato un' altra vita
per te che ogni minuto è un anno
una canzone mai finita.
Per te che guardi pensierosa
alle bugie di questo mondo
che cogli i petali di rosa
i lontani aneliti del vento.
Per te che sola all'imbrunire
innaffi i fiori del balcone
e poi ti fermi ad osservare
tuo figlio giocare al pallone.
Per te che gridi sottovoce
i tuoi rimproveri di sorta
e mi racconti lentamente
di vecchi sogni nel cassetto.
E tutto questo è ancora amore.
E tutto questo è ancora vita
e tutto questo vorrei dirti, sai.

Musik und Text: Pippo Pollina
© Global Musikverlag 1995; alle Rechte bei Global Musikverlag, München

UM PALERMO ZU LIEBEN

Wenn du nur wüsstest, wie schlecht sie über dich reden
ohne je deinen fiebrigen Blick gesehen zu haben
das Magische, das deine verrücktgewordenen Überreste umhüllt
ohne die Blüten deiner Frühlinge
und den April deiner Blumen zu kennen .
Wenn du wüsstest, wie sie noch immer über dich lachen
ohne um die Strenge deiner vergebenen Hoffnungen zu wissen
um die Kinder, die weit weg sind, und jene
die verloren gingen
kreuz und quer auf den Wegen der Träume und des Vergessens.
Wenn du wüsstest, wie übel sie dir nachreden
ohne je deine winterlichen Sonnenuntergänge gesehen zu haben
die Lumpenkleider deiner würdevollen Greise
ohne deine leeren Gärten zu kennen, dein Höllenparadies.
Das Oktobermeer duftet nach August
und schon verscheuchst du die Wolken auf deiner Stirn
nimmst so auch aus meinem Gesicht den Anflug von Schatten -
doch sag mir
wie lange das irrsinnige Theater noch dauern
wie lang diese verdammte Not unermesslichen
Zerfalls währen soll.
Wo hast du den Triumph
deines Lichterbanns gestohlen
der über dein Gesicht streicht
und den du deinen Menschen schenkst?
Und sag, wohin du denn gehen wirst
wenn sich herausstellt
dass dieses Aufflackern nur scheinbar Erlösung war
dieses Leben kein Leben ist?
Wieder daheim.
Um dir zu sagen, wie sehr ich dich geliebt habe.
Wieder daheim.
Dass ich dich nie vergessen habe.
Um zu erfahren, ob es wahr ist
dass du nachts sitzend wachst
dich festklammerst am Geheimnis
deines stummen Leidens.

PER AMARE PALERMO

Se sapessi come parlano male di te
senza avere mai visto il tuo sguardo febbrile
la magia che veste le tue ceneri impazzite
delle primavere i fiori e dei fiori l'aprile.
Se sapessi come ridono ancora di te
senza sapere il rigore delle tue vane speranze
dei tuoi figli lontani e di quelli perduti
per le strade dei sogni e delle dimenticanze.
Se sapessi come dicono male di te
senza avere mai visto i tuoi tramonti d'inverno
i tuoi cenci-vestiti d'altera vecchiezza
i tuoi giardini vuoti il tuo paradiso-inferno.
Il mare d'ottobre profuma d'agosto
e svelta cacci le nubi
sulla tua fronte un'ombra accennata
dal mio profilo rubi
e dimmi quanto durerà questo teatro impazzito
questo maledetto bisogno d'abbandono infinito.
Dove hai rubato il trionfo
delle luci avvolgenti
che ti sfiorano il viso
che regali alle tue genti
e dove te ne andrai se a nulla sarà servita
questa redenzione improvvisa
questa vita non vita.
Di nuovo a casa.
Per dirti quanto ti ho amata.
Di nuovo a casa.
Che non ti ho mai dimenticata.
Per sapere se è vero
che di notte aspetti seduta
aggrappata al mistero
della tua sofferenza muta.

Musik und Text: Pippo Pollina
© Global Musikverlag 1995; alle Rechte bei Global Musikverlag, München

JULIAN

Gut, wenn du mir sagst
dass du dich als Teil der Welt fühlst
weil du Sohn der Welt bist
und es vielleicht nicht weisst.
Was bedeutet schon die Farbe
deiner Haare
deiner Gedanken
grün werden deine Bäume sein
und blau deine Himmel.
Gut, wenn du eines Tages
eine freie Brise des Windes bist
denn mit dem Wind bist du gekommen
und mit dem Wind wirst du wieder gehen.
Gut, wenn du dich
als irgendeine Welle des Meeres empfinden wirst.
Denn wichtig ist
dass wir die Fische retten.
Ohne Schiff und ohne Flagge.
Ohne Kanonen zu polieren.
Weder mit Matrosen noch mit respektheischendem Kapitän.
Ohne ein einziges Rettungsboot.
Aber mit dem Schatz der Erfahrungen in den Augen.
Und die Hände vorgestreckt
in den Gesang einzustimmen
ein Liebeslied für dich.
Sturzflug.
Rote Bogen des Sonnenuntergangs
spielerisches Ringelreihetanzen
und die Hände vorgestreckt
in den Gesang einzustimmen.

JULIAN

Bene se mi dici che ti senti
partecipe del mondo
perchè del mondo tu sei figlio
e forse non lo sai.
Cosa importa quale sarà il colore
dei tuoi capelli
dei tuoi pensieri
i tuoi alberi saranno verdi
ed azzurri i tuoi cieli.
Bene se un giorno sarai
una brezza libera del vento
perchè dal vento sei arrivato
e al vento te ne andrai.
Bene se ti sentirai
una qualsiasi onda del mare
perchè quello che importa
sono i pesci da salvare.
Senza navi senza bandiere
senza cannoni da lucidare
senza mozzi né capitani da riverire
senza nemmeno una scialuppa
per le brutte evenienze
ma col tesoro rinchiuso
negli occhi delle esperienze
e le mani protese
a cantare una voce
una canzone d'amore scritta per te.
Bene se mi dici che ti senti
partecipe del mondo
perchè del mondo tu sei figlio
e forse non lo sai.
I voli in picchiata
le rosse iperboli del tramonto
le giocose semplici danze del girotondo
e le mani protese
a cantare una voce.

Musik und Text: Pippo Pollina
© Global Musikverlag 1995; alle Rechte bei Global Musikverlag, München

FERNES LAND

Warten
wieder bricht ein Tag an.
Ein Blitz, der ins Gewohnte einschlägt
bist du
ein Fest der Wollust.
Du wirst erscheinen
das Dunkel spalten
du bist zwei Hände und zwei Augen
versprengt in einer
Masse von Gesichtslosen.
Auf deinem Pfad werden Blumen spriessen
und entlang den Wegen
meines bislang harmlosen Glühens.
In der kühlen Luft
erhebt sich ein neuer, wahrhaftiger Wind
dein Blick ist fernes Land
Morgentau, Freiheitserwachen.
Nur noch lachen
über die Unbedeutsamkeit
der Mühsal früherer Tage
an denen wir
weiss ich was nachrannten...
Wir werden losziehen
durch Städte streifen
ohne Gedächtnis
die Zeit überwinden
unauffindbar sein.
Du Urquell des Lichts
du Anmut, dem Gedeihen entraubt
Lebenshauch ist deine vertraute Stimme
und Glücksschimmer
dein Blick ist fernes Land
Morgentau, Freiheitserwachen.

LONTANA TERRA

E aspetteremo
di nuovo giorno farà
lampo che spacca il sereno
sarai
tripudio di voluttà.
E arriverai
fendendo l'oscurità
sarai due mani due occhi
dispersi tra folle
prive d'identità.
Sul tuo sentiero cresceranno fiori
e lungo i viali dei miei ingenui ardori
nell'aria fresca si leverà
un vento nuovo di verità
il tuo sguardo è terra lontana
rugiada d'aurora e di libertà.
E rideremo
della futilità
dei nostri giorni in salita
inseguendo
chissà cosa, chissà...
E ce ne andremo
vagando per le città
senza memoria
padroni del tempo
nessuno ci troverà.
Che sei sorgente di luce antica
grazia rubata alla prosperità
soffio vitale è la tua voce amica
e un barlume di felicità
il tuo sguardo è terra lontana
rugiada d'aurora e di libertà.

Musik: Linard Bardill
Text: Pippo Pollina
© Global Musikverlag 1995; alle Rechte bei Global Musikverlag, München

Il giorno del Falco 1997

Confessioni - Geständnisse
Questa sera - Heute Abend
Questa nuova realtà - Neue Wirklichkeit
Chernobyl dieci anni dopo - Tschernobyl zehn Jahre später
Oh merci
Buona Fortuna - Viel Glück
Cambierà - Es wird sich ändern
Il giorno del falco - Der Tag des Falken
Semiseria proposta di matrimonio - Halbernstgemeinter Heiratsantrag
Quando sarò - Wenn ich...
Dimenticare Marina - Marina vergessen
Signore, da qui si domina la valle - Von hier lässt sich das Tal überblicken, Herr

Melos-Verlag, Frankfurt/M

GESTÄNDNISSE

Ich hatte immer ein Zuhause, um heimzukehren
und Schutz unter den Lauben, wenn es regnete
aus den Bäckereien duftete es
bis auf die Strasse nach frischem Brot.
Ich hatte ein Federbett, um mich fallenzulassen
getrocknete Blüten in den Heften
brandneue Liebschaften, die mir die Winter erwärmten
Zeit zum Arbeiten und Zeit zu ruhen
den Schwung der Jungen und
die weisse Farbe der Lilien.
Liebste, bitte, wiege mein Dasein
schliess die Tür unseres Zimmers
kleine Blume, Abendstern
schenk mir einen Hauch vom wirklichen Leben.
Ich hatte den Atem eines Kükens
und vor mir einen langen Weg
und kaum wahre Freunde zu begrüssen
Nerven aus Kristall und wenig zu sagen
ein tanzendes Herz und in der Tasche die Zukunft.
Ich hatte das Brennen des Liebhabers
und die Schlinge um den Hals
das tröstende Streicheln einer Mutter
Narrenfreiheit, die Regeln zu verletzen
einen sauberen Anzug für die letzte Chance.
Liebste, bitte, wiege mein Dasein
schliess die Tür unseres Zimmers
kleine Blume, Frühlingsbrise
erleuchte meine gefangene Seele.

CONFESSIONI

Avevo sempre una casa dove tornare
e sotto i portici quando pioveva riparare
e dai fornai, per strada, profumo di pane
avevo un letto di piume dove lasciarmi cadere.
Avevo petali secchi in mezzo ai quaderni
e amori nuovi di zecca a riscaldarmi gli inverni
e tempo per lavorare e tempo per riposare
dei giovani l'estro e dei gigli il candore.
Amore ascolta, cullami l'esistenza
chiudi la porta della nostra stanza
piccolo fiore, stella della sera
donami un rivolo di vita vera.
Avevo fiato da pulcino e tanta strada da fare
e pochi amici sinceri da salutare
e nervi di cristallo e poche cose da dire
il cuore ballerino e in tasca l'avvenire.
Avevo ardori d'amante e un cappio intorno alla gola
una carezza di madre che mi consola
ed una beffa mascherata da trasgressione
il vestito pulito per l'ultima occasione.
Amore ascolta cullami l'esistenza
chiudi la porta della nostra stanza
piccolo fiore, brezza di primavera
illuminami l'anima prigioniera.

Musik und Text: Pippo Pollina
© 1997 by Melos-Verlag, Frankfurt/M

HEUTE ABEND

Ich werde in meine Fußstapfen
von gestern zurückkehren
Mondreiter
flüchtige Schatten
unbekannte Häuser
glücklose Geschichten
-wo warst du nur die ganze Zeit ?
Was hast du bloss gemacht ?
Sag, ist die Welt so verändert
sag, wie's dir geht
aber heute, an diesem gefangenen Abend
werde ich fortfliegen, das werde ich tun
sag doch, sag mir, wie's dir geht
zurückkehren werde ich
wieder auf der Strasse spielen
und Sonnenuntergänge malen
der Himmel ist wolkenverhangen in dieser dunklen Nacht
und macht mir keine Angst
ich werde dahin zurückkehren
wo die Sonne sonniger
und die Heimat heimatlicher ist
ein Neubeginn möglich
und Zeit für Hoffnung.

QUESTA SERA

Ritornerò sui miei passi di ieri
a cavallo della luna
ombre furtive
case sconosciute
storie senza fortuna.
Dove sei stato
tutto questo tempo?
Che cosa hai fatto mai?
Dimmi se il mondo è cosi diverso
e dimmi, come stai ?
Ma questa sera
prigioniera, volare ecco cosa farei ...
Ma questa sera
prigioniera, e dimmi, dimmi come stai.
Ritornerò a giocar sulla strada
a dipingere i tramonti
gravido è il cielo nella notte scura
non mi fa paura.
Ritornerò laddove il sole è più sole
dove la terra è più terra
dove c'è spazio per ricominciare
e tempo per sperare.

Musik und Text: Pippo Pollina
© 1997 by Melos-Verlag, Frankfurt/M

NEUE WIRKLICHKEIT

Sag mir bloss nicht, dass es schon spät ist
in den Strassen schliessen die Cafés
vielleicht hat dich ja deine Frau verlassen
aber, was soll's
diese Welt dreht sich schnell
und sowieso ist alles purer Wahnsinn
denn von Berlin bis Rom kehrt der Faschismus zurück.
Was für eine Nacht
so warm und geduldig
setzt euch näher zu uns her
schenk noch einmal ein
heute spricht mal keiner
den anderen schuldig
heute lässt mal jeder
den andern anders sein.
Wenn es Abend wird, nehmen wir uns an der Hand
zu den Lichtern des Sonnenaufgangs wird er uns tragen
lass uns alles von Herzen tun, lass das Herz sprechen
lass dies zur neuen Wirklichkeit werden.
Was für eine Nacht
nur Spinner und Bramanen
keine Parolen.
Schenk lieber noch einmal ein
das ist ein Fest, ohne Marschmusik und Fahnen
ohne Waffen und Grenzen
lieber grenzenlos Wein.
Freunde rücken wir zusammen
denn es zünden schon die Flammen
und die Dummheit macht sich wieder einmal breit
lasst uns miteinander reden
und umarmen wir jetzt jeden
der uns braucht in dieser bitterkalten Zeit.

QUESTA NUOVA REALTÀ

E non dirmi che è gia tardi
e per le strade si spengono i caffè
forse la tua donna ti ha lasciato
ma che cosa vuoi che sia
questo mondo gira in fretta
ed è tutta una follia
il fascismo che ritorna
da Berlino fino a Roma.
Was für eine Nacht
so warm und geduldig
setzt euch näher zu uns her
schenk noch einmal ein
heute spricht mal keiner
den anderen schuldig
heute lässt mal jeder
den andern anders sein.
E prendiamoci per mano sui dintorni della sera
lei ci porterà lontano fra le luci dell' aurora
lascia fare tutto al cuore lascia dirgli le parole
lascia entrare questa nuova realtà.
Was für eine Nacht
nur Spinner und Bramanen
keine Parolen.
Schenk lieber noch einmal ein
das ist ein Fest, ohne Marschmusik und Fahnen
ohne Waffen und Grenzen
lieber grenzenlos Wein.
Freunde rücken wir zusammen
denn es zünden schon die Flammen
und die Dummheit macht sich wieder einmal breit
lasst uns miteinander reden
und umarmen wir jetzt jeden
der uns braucht in dieser bitterkalten Zeit.

Musik und Text: Pippo Pollina/Konstantin Wecker
© Global Musikverlag, 1993; alle Rechte bei Global Musikverlag, München

TSCHERNOBYL ZEHN JAHRE SPÄTER

Wie düster ist der Nachmittag
hier im Nordosten der Welt
unaufhörlich weht der Wind.
Wär dieser eigenartige Geruch
den die Südwestböen hinüber tragen
doch bloss Schwefel
seit Jahrtausenden sind wir allein
seit der radioaktiven Dämmerung
doch ich will meine Kinder am Fluss grossziehen
selbst wenn die Erde mir ihre Früchte verwehrt
Blüten und Tau verweigert
so werde ich doch nicht fortgehen
ich will hier wiedergeboren werden.
Wo bist du? Wo bist du, Mensch?
Wem hast du deinen Mut geopfert
dem Streben nach Reichtum etwa?
Wir sind nur müde verzweifelte Wesen
und kommen nicht voran.
Wo bist du? Was machst du, Mensch?
Hast Haus und Garten und deine Liebste verkauft
wir sind Schatten unserer eigenen Verachtung
Opfer der Macht um jeden Preis.
Wohin, Mensch, wirst du jetzt gehen?
Schau nach draussen, die Hitze versengt den Horizont
und die ausgetrockneten Sträucher, mehr denn je.
Sie haben hunderttausende unschuldiger Soldaten
zum Reaktor, an die Front geschickt
und niemals wirst du sie wiedersehen.

CHERNOBYL DIECI ANNI DOPO

Com'è buio il pomeriggio qui a nord est del mondo
soffia un vento e non finisce più
fosse zolfo appeso alle folate del libeccio
quest'odore strano che arriva da laggiù.
Siamo soli da millenni, dall'alba radioattiva
ma i miei figli al fiume crescerò
e se la terra nega i frutti, i fiori e la rugiada
io non me ne andrò io qui rinascerò.
Dove sei ?
Uomo, dove sei?
A chi hai reso il tuo coraggio?
Alla ricchezza e al suo miraggio?
Siamo solo disperati esseri stanchi
non possiamo andare avanti.
Dove sei?
Uomo, cosa fai?
Hai venduto la tua casa
la tua donna la tua rosa
siamo l'ombra del disprezzo
del potere ad ogni prezzo.
Uomo dove te ne andrai?
guarda fuori adesso, il sole brucia l'orizzonte
e gli arbusti secchi piu che mai...
han mandato a cento e a mille al reattore, al fronte
poveri soldati ignari che non rivedrai.

Musik und Text: Pippo Pollina
© **1997 by Melos-Verlag, Frankfurt/M**

OH MERCI

Oh merci, ich hab' tatsächlich gedacht
wir halten Händchen, ich sag' hallo zu dir
oh merci, oh merci.
Oh merci,
danke trotzdem für den verschwörerischen Blick
für diesen flüchtigen Genuß
oh merci, oh merci.
Oh merci, dir vom Tisch nebenan
für den tiefen Blick und den starken Akzent
oh merci, oh merci.
Oh merci, für dein Lächeln
während du rauchst und mir
eine Abfuhr erteilst
oh merci, oh merci.
Du gehst und mit dir die ganze Welt.
Du gehst und trotzdem war's schön...
Oh merci, dass du mir gesagt hast:
du gefällst mir -
mit einem einzigen Blick und nicht mit Küssen
oh merci, oh merci.
Oh merci, für diese ungewohnte Art Kaffee zu trinken
an einem schon oft dagewesenen Nachmittag
oh merci, oh merci.
Oh merci, was für ein wertvoller Unterschied
zwischen Verlangen und beklemmender Erfüllung
oh merci, oh merci.
Oh merci, für diesen Gruss von dir
so ähnlich wie: Ich möchte, ich möchte doch lieber nicht
aber wenn du willst ...
Oh merci, oh merci.
Und jetzt gehst du
und mit dir die ganze Welt
und trotzdem war's schön...

OH MERCI

Oh merci, che c'avevo creduto
di tenerti la mano, di darti il saluto
oh merci oh merci.
Oh merci, grazie lo stesso
per il complice sguardo, per la gioia di adesso
oh merci oh merci.
Oh merci tu del tavolo accanto
con gli occhi profondi e col forte accento
oh merci oh merci.
Oh merci, per quel tuo sorriso
tra una sigaretta e un rifiuto deciso
oh merci oh merci.
Adesso te ne vai via
e con te l'intera terra, lo sai.
Adesso te ne vai via
ed era bello lo stesso...
Oh merci, che mi hai detto: mi piaci
con un solo sguardo e non con dei baci
oh merci oh merci.
Oh merci per l'imprevisto
di un caffè diverso in un pomeriggio gia visto
oh merci oh merci.
Oh merci, che prezioso divario
fra l'angoscia del fatto e il desiderio
oh merci oh merci.
Oh merci per quel tuo saluto
come dire: vorrei, non vorrei, ma se vuoi...
oh merci oh merci.
Adesso te ne vai via
e con te l'intera terra, lo sai.
Adesso te ne vai via
ed era bello lo stesso...

Musik und Text: Pippo Pollina
© **1997 by Melos-Verlag, Frankfurt/M**

VIEL GLÜCK

Viel Glück, für dich armes besiegtes Herz
im Leben hast du gefroren und
wie oft hast du geweint
viel Glück, für dich, Floss inmitten des Meeres
alles hast du verloren
geblieben ist nur die Lust zu singen
viel Glück für dich und deine weichen Federn
gleich denen eines jungen Vogels
der über die Erde fliegt
ohne eigentlich zu wissen wie
viel Glück dir, Baum in der Wüste
dem oft die Äste gestutzt wurden
aber du bist nie daran gestorben.
Ich habe ein witziges Lächeln und
ein Schweigen für jede Gelegenheit
messerscharf
jede Illusion zunichte machend.
Ich habe einen geheimen Zufluchtsort
den ich nur Freunden öffne
falsche Propheten lass ich draussen
um ihre Stimmen nicht hören zu müssen.
Viel Glück ...
Viel Glück für dich, gesegnete Mutter
mit deinen Beinen, dünn wie ein Faden
hast du ein ganzes Stück Weg zurückgelegt
viel Glück für dich, Hoffnung, die nie einschlief
man weiss nie, wie es ausgehen wird
aber du spielst dein Spiel
viel Glück für dich, sangesfreudige Seele
diese Nacht ist noch dunkelste Nacht
aber der Morgen kommt
viel Glück für dich, Stern am Himmel
möge die Zeit deine Hände
deine smaragdgrünen Augen
nicht auslöschen.
Ich habe ein Schwert und eine Blume
und kenne die Tricks des Jongleurs
gebrauche sie, wenn nötig
und habe nichts zu befürchten.

BUONA FORTUNA

Buona fortuna a te povero cuore vinto
che nella vita ne hai preso dI freddo
e quante volte hai pianto
buona fortuna a te zattera in mezzo al mare
che hai perso tutto
ma t'è rimasta la voglia di cantare.
Buona fortuna a te e alle tue morbide piume
di uccello giovane che vola
sul mondo senza sapere come
buona fortuna a te albero nel deserto
che tante volte t'han reciso i rami
ma non sei mai morto.
Io c'ho un sorriso buffo ed
un silenzio per ogni occasione
che taglia come una lama affilata
disintegra ogni illusione
io c'ho un rifugio segreto
che apro solo agli amici
e lascio fuori i falsi profeti
per non sentirne le voci
buona fortuna a te ...
Buona fortuna a te madre mia benedetta
con le tue gambe fili di cotone
di strada ne hai fatta
buona fortuna a te speranza mai sopita
che non si sa come andrà a finire
ma ti giochi la partita.
Buona fortuna a te anima canterina
che questa notte è ancora buio pesto
ma verrà mattina
buona fortuna a te stella del firmamento
alle tue mani ai tuoi occhi di smeraldo
che non li spenga il tempo.
Io c'ho una spada e un fiore
conosco i trucchi del giocoliere
li uso quando ne ho bisogno
e non ho niente da temere
io c'ho un giardino di arance e mele
terrazze a picco sull'imbrunire

Ich habe einen Garten mit Orangen und Äpfeln
Terrassen in der Abenddämmerung
und Paradiese zu besorgen
und ein gutes Gedächtnis, um nichts zu vergessen.
Viel Glück dir, verfluchtem Dichter
auf dass der Fluss
am Ufer der Beschimpfungen nicht versickere
auf dass die Zeit
aus Angst vor einer Weissagung
nicht stehenbleibe.

e paradisi da coltivare
buona memoria per non dimenticare.
Buona fortuna a te, poeta maledetto
che non si fermi il fiume sulle rive dell'oltraggio
che non si fermi il tempo sul timore di un presagio.

Musik und Text: Pippo Pollina
© **1997 by Melos-Verlag, Frankfurt/M**

ES WIRD SICH ÄNDERN

Es wird sich ändern
ich verspreche dir, dass sich etwas ändern wird
aus der Gefühllosigkeit, die du kennst
wird diese Stimmung wieder erwachen
und dann wird alles ...
Ein neuer Wind wird über der Stadt wehen
soviel Lust einander zu umarmen
und miteinander laut herauszulachen vor Glück
nur die Kraft, daran zu glauben, ist es
die dem Mut zu leben einen Sinn gibt
es ist nur die Kraft, immer wieder zu beharren
und nie aufzugeben
du siehst es bald
es wird sich ändern
ich glaube daran, dass sich etwas ändern wird
dies ist mein letzter Aufschrei
mein neuer Weg
schattenlos und ohne Alter.

CAMBIERÀ

Cambierà
ti prometto che cambierà
quest'umore si risveglierà
dal torpore che sai
e allora tutto sarà...
Ci sarà vento nuovo sulla citta
quanta voglia di stringerci
e riderci addosso di felicità.
E soltanto la forza di credere
che dà un senso al coraggio di vivere
è soltanto la forza di insistere ancora
e di arrendersi mai
vedrai presto, vedrai.
Cambierà, sarà grande il cuore sarà
della gente che ci aiuterà
della gente che sai
sà resistere.
Cambierà, io ci credo che cambierà
è il mio ultimo grido
il mio nuovo sentiero
senz'ombre nè età.

Musik und Text: Pippo Pollina
© **1997 by Melos-Verlag, Frankfurt/M**

DER TAG DES FALKEN

Und es kam der Tag des Falken
eines Morgens im September
rissen sie den Tag auf
und vierteilten ihm den Bauch
und er flog ins Tal bis
vor die Tore Santiagos
mit Feuerkrallen
und Drachenaugen
und deine Frau flehte
auf der machtlosen Botschaft:
Gebt mir ein Zeichen der Hoffnung
in diesem Schlangennest.
Und als der Abend kam
löschten sie das Licht im Stadion.
Gebt mir eine Blume, daß ich nicht sterbe
und eine Fahne zum Sterben.
Es kam der Tag des Falken
unter dem Beschuss der Verräter
im Sold eines Polizeichefs stehend
flog er ins Tal
über die Plätze und über die Moneda
und während Victor sang
sah er den Falken über der Beute.
Ich singe nicht um des Singens willen
und nicht, weil ich eine schöne Stimme habe
schriest du dem Volk in Ketten zu
um sein Leid zu mildern.
Ich singe, weil die Gitarre Vernunft
und Gefühl kennt-
während die Klingen der Messer
in der Luft zischten-
„Ich singe nicht um des Singens willen
und auch nicht, weil ich eine schöne Stimme habe
ich singe, weil die Gitarre Vernunft und Gefühl kennt".*

*Zitat aus „Manifiesto" von Victor Jara

IL GIORNO DEL FALCO

E venne il giorno del falco
una mattina di settembre
spalancarono il giorno
ne squartarono il ventre.
E venne scivolando a valle
alle porte di Santiago
con gli artigli del fuoco
e con gli occhi del drago.
E tua moglie implorando
all' ambasciata in preda ai venti
datemi un segno di speranza
in questo nido di serpenti
e sul far della sera
spensero i fuochi nello stadio
datemi un fiore per non morire
e una bandiera per morire.
E venne il giorno del falco
sotto l'artiglieria dei traditori al soldo
di un padrone di polizia
e venne scivolando a valle
sulle piazze e sulla Moneda
mentre Victor cantava
vide il falco sulla preda.
Io non canto per cantar
nè per aver una bella voce
gridavi al popolo in catene
per alleviarne le pene
canto per la chitarra che ha ragione e sentimento
mentre le lame dei coltelli sibilavano nel vento.
„Yo no canto por cantar ni por tener buena voz
canto porque la guitarra tiene sentido y razon".*

*Citato da „Manifiesto" di Victor Jara

Musik und Text: Pippo Pollina
© 1997 by Melos-Verlag, Frankfurt/M

HALBERNSTGEMEINTER HEIRATSANTRAG

Erlauben Sie, Signorina, ich bin Francesco
habe einen bunten Hut und miese Laune.
Jeden Morgen bin ich hier auf einen Kaffee
und sehe Sie jeden Tag, bevor ich hinausgehe.
Erlauben Sie, Signorina
ich werde nicht aufdringlich sein
auch wenn ich mit einem Rettungsring unterwegs bin
und der Sonnenbrille, damit ich schlecht sehe
denn es gibt sowieso nichts, was sich zu sehen lohnt.
Ich sehe mich in Zukunft als Eremit
mit Wünschelrute und Magnet
mit einem Zwei-Monats-Bart
und einem streunenden Hund.
Signorina, gehn Sie mit mir mit
so Schritt für Schritt?
Wir würden in den Flüssen und Strömen fischen
weit weg vom Lärmen und Grollen
weit von Radio, Taxi und TV.
Stellen Sie sich vor
welch Genuss, welche Leidenschaft!
Der Steuer und der Krankenkasse
so entkommen
lebten wir wirklich wild
ohne Altersvorsorge, Waffen oder Polizei
und ohne Gejammer von alten Tanten.
Wir müssten keine Nachbarn grüssen
keine Elektrizität, kein Telefon zahlen
aber wir hätten die Sterne und manchmal
mit einer gehörigen Portion Glück auch den Mond .
Erlauben Sie, Signorina, es ist nicht
mangelndes Taktgefühl -
nein, eher eine Frage des Geruchssinnes.
Ich rieche, dass Sie die Frau meines Lebens sind
ich sehe das an Ihrem Blick und daran
wie Sie die Finger bewegen.
Ich weiss es, weil Sie so seufzen vor Ungeduld
das ist ein Zeichen von Charakter und Konsequenz.
Aber ich bin ein Dickkopf und kann warten,
wenn ich ein Projekt zu verwirklichen habe.

SEMISERIA PROPOSTA DI MATRIMONIO

Permette signorina mi chiamo Francesco
ho un cappello colorato e la luna di traverso
prendo qui il caffe tutte le mattine
la vedo ogni giorno prima di uscire
permette signorina non sarò invadente
anche se cammino con il salvagente
con gli occhiali da sole per vederci male
tanto non c'è niente per cui la pena vale
tanto il gioco la candela non vale.
Mi vedo bene col futuro da eremita
col legno da rabdomante ed una calamita
con la barba di due mesi ed un cane randagio
signorina lei verrebbe con me adagio adagio ?
Andremmo a pesca sui fiumi e sui torrenti
lontano dai rumori e dai risentimenti
dalla radio dai taxi e dalla televisione
pensi che goduria pensi che passione
pensi che goduria e che passione.
Evaderemmo il fisco e la cassa malati
vivremo da veri spericolati
senza pensione nè armi nè polizia
senza le lamentele della vecchia zia.
Non avremo vicini da salutare
nè luce ne telefono da pagare
ma avremo le stelle e ogni tanto la luna
con una buona dose di fortuna.
Permette signorina non è mancanza di tatto
è solamente una questione d'olfatto
la sento la donna della mia vita
lo vedo dal suo sguardo e da come muove le dita
lo so da come sbuffa d'impazienza
è segno di carattere e di coerenza
ma io sono testardo e so aspettare
se c'è un progetto da realizzare.

Musik und Text: Pippo Pollina
© 1997 by Melos-Verlag, Frankfurt/M

WENN ICH

Wenn ich einmal Staub in der
östlichen Brise bin
ein trockener Ast in der Morgenröte
wenn ich einfach eine Atempause deiner Rede
ein orangefarbener Fetzen im Konfettiwirbel
wenn ich einmal ehrlicher Schatten
zwischen Lichtern bin
ein kaum wahrnehmbares Lächeln im Zögern
und Liebhaber deiner Nächte
Quelle deinen Durst zu stillen.
Wenn ich einmal ein Tropfen im
Novemberregen sein werde
Lebenssaft auf deinem Mutterbauch
Licht in deiner Milchstrasse
und ein blosser Atemzug in deiner unbändigen Freude.
Wenn ich das alles sein werde, Liebste
werde ich auf dich warten
und sollten die Jahreszeiten des Lebens
im Chor an uns vorüberziehen
sämtliche Winde eines verliebten Sturmes wehen
so werde ich stolz alt werden
stolz, dich geliebt zu haben.

QUANDO SARÒ

Quando sarò polvere nella brezza levantina
un ramo secco nel chiarore dei crepuscoli.
Quando sarò semplice respiro del tuo eloquio
un arancio nel trionfo dei coriandoli.
Quando sarò sincera ombra fra le luci
sorriso appena fra gli indugi
e delle tue notti l'amante
della tua sete sorgente.
Quando sarò goccia delle piogge di novembre
linfa sul tuo caldo ventre di radici
luce della tua strada lattea
e solo un alito della tua gioia gravida.
Quando sarò tutto questo
amore mio ti aspetterò
dovessero passarci in coro le stagioni della vita
dovessero soffiare tutti i venti
di una tormenta invaghita
dovessi invecchiare fiero d'averti amata.

Musik und Text: Pippo Pollina
© 1997 by Melos-Verlag, Frankfurt/M

MARINA VERGESSEN

Marina vergessen
genau das werde ich tun
ich werde in ein Schiff, einen Zug
oder die Metro einsteigen
die mich weit weg bringen
wenn nötig bis nach China
oder in die baumreichen Berge des Misox
einen Deltasegler werd' ich kaufen
und ein Bild von Mirò
all das, um sie zu vergessen
Marina vergessen
genau das werde ich tun
einen Drachen aus Papier werd'ich mir bauen
er wird mich trösten
beim Überqueren des Ural
indem ich die Aufwinde nutze
über einem Buch von Kafka
werde ich einnicken
und die Brille auf der Nase vergessen
nachts werde ich besser sehen
aber mein Herz wird in den Keller sinken.
Was macht wohl Marina?
Wo wird sie sein?
Morgens bei der Arbeit
treffe ich die Gewerkschafter
Tage des Kampfes für die Lohnempfänger
einen guten Film von Bunuel, um die Zeit zu überlisten
eine Platte der Area - alles im Gegentakt
einen deutschen Kaffee, damit mir schlecht wird
eine Pizza, gut für den Darmverschluss
und dann
noch einen Blick in die Zeitung
Freinächte werd'ich durchmachen
aber das Herz im Keller.
Was macht wohl Marina?
Wo wird sie sein?

DIMENTICARE MARINA

Dimenticare Marina
ecco cosa farò
salirò su un bel treno su una nave o su un metrò
che mi porti lontano
se è il caso anche in Cina
o tra i monti alberati della Mesolcina
comprerò un deltaplano
e un quadro di Mirò
per dimenticarla tutto questo farò.
Dimenticare Marina
ecco cosa farò
un aquilone di carta
mi costruirò
mi sara di conforto nel passare gli Urali
mentre sfrutterò le correnti ascensionali
e su un libro di Kafka mi addormenterò
e sul naso gli occhiali dimenticherò
vedrò meglio la notte
ma avrò il cuore in cantina.
Cosa farà Marina?
Dove sarà Marina?
La mattina al lavoro incontro i sindacati
le giornate di lotta per i salariati
e un buon film di Bunuel per ingannare il tempo
ed un disco degli Area tutto in controtempo
e un caffè tedesco per farmi male
e una pizza da blocco intestinale
e per farla finita uno sguardo al giornale
e per farla finita uno sguardo al giornale.
Avrò in bianco la notte
ed il cuore in cantina.
Cosa farà Marina?
Dove sarà Marina?

Musik und Text: Pippo Pollina
© 1997 by Melos-Verlag, Frankfurt/M

VON HIER LÄSST SICH DAS MEER ÜBERBLICKEN, HERR

Herr, von hier wird das Tal überwacht
und zu Hunderten, Tausenden seh' ich sie
niedergestreckte arme Seelen auf dem Strassenpflaster
im Schatten entrüsteter Bäume
im Angesicht eines bedrohlich düsteren Himmels
von hier aus, Herr
seh' ich sie zu Hunderten und Tausenden
jene, die in ihren Augen lediglich
Marionetten sind
es sind dennoch Arme, Hände, helle und dunkle Augen
Haare, die sich im zerbombten Gemäuer verfangen
von hier hört man die Stimmen, Herr
lassen sich Umrisse erkennen
die letzten Lichter der Nacht
ein letztes schwaches Aufflackern
im Geäst der Zuversicht
der Hoffnung jener, die noch an ein Durchhalten glauben
sich an die endliche unendliche Geschichte
und die Erinnerung klammern
von hier lässt sich das Tal überblicken, Herr
zu Hunderten, Tausenden
knien sie nieder auf weissen Laken
Freunde, Brüder, Schwestern, Liebende
Herr, was geht in ihrem Kopf vor?
Ihr Blick verliert sich am Horizont
die Gedanken an einem anderen Ort, die Haare im Wind
und die Augen spiegeln blankes Entsetzen
von hier aus überblicke ich das Tal, Herr
und sehe Hunderte, Tausende dürsten
im Sonnenlicht verglühend
wie Kometen versinkend im Nichts der Trostlosigkeit
von hier, Herr, hört man die Stimmen
den unbeugsamen Aufschrei des Lebens
beende diesen Hass, dieses grausame Spiel
diesen nicht enden wollenden verfluchten Wahnsinn.

SIGNORE, DA QUI SI DOMINA LA VALLE

Signore, da qui si domina la valle
e a cento e a mille ne vedo
di Cristi distesi sul selciato
all ombra d'alberi stizziti
al cospetto d'un cielo gravido ed ambrato.
Signore, da qui ne vedo a cento e a mille
di quelli che lei chiama mobili birilli
sono braccia, sono mani, sono occhi chiari e scuri
sono capelli imbrigliati fra le crepe dei muri.
Signore, da qui si sentono le voci
si leggono i contorni delle luci
e ancora della notte i pochi fuochi accesi
e ancora della notte i fiochi fiocchi appesi
sui rami della fede e della speranza
sui rami di chi crede nell' oltranza
sui rami della finita infinita storia
sui rami della madre memoria.
Signore, da qui si domina la valle
e a cento e a mille piegati sui ginocchi
affranti su grandi lenzuoli bianchi
amici, fratelli, sorelle, amanti.
Signore, cosa passa nella sua mente?
Lo sguardo perduto nell' orizzonte
i pensieri altrove, i capelli al vento
gli occhi lo specchio dello sgomento.
Signore, da qui si domina la valle
e a cento e a mille ne vedo bruciare di sete
sciogliersi al sole come comete
lanciarsi nel vuoto dello sconforto.
Signore, da qui si sentono le voci
le grida invincibili della vita
fermi quest' odio, questa partita
questa maledetta follia infinita.

Musik und Text: Pippo Pollina
© 1997 by Melos-Verlag, Frankfurt/M

Canzoni diverse

1986 - 1997

DAS HAUS VON ARMON

Erinnerst du dich, Anna, an jenen Kuss
den ich dir geraubt im Schatten der Arven
die uns gedankenverloren zusahen
damals, als Liebe machen Sünde war
und es keine Strassen gab
nur Fusswege und Schluchten;
und du, wie schön du warst wie ein Engel vom Himmel
gabst mir verstohlen einen Stern
beschwingt spiegeltest du dich im Rhein.
Erinnerst du dich, Anna, an das Haus von Armon
an einen Hügel geschmiegt mit einem Faden aus Eis
das wie durch ein Wunder schmolz
durch die Klänge eines Liedes
und in der Maiensonne
und du wartetest auf mich und ich
nachdem ich meine Arbeit beendet
rannte zu dir, ohne um die ungewisse Zukunft
jenes fischreichen Wassers zu wissen
jener brennesselbewachsenen Felder.
Erinnerst du dich, Anna
an jenes magere Gesicht
als der Tag in einem merkwürdigen Licht schimmerte
er schien ein herzlicher, höflicher Mann zu sein
als er uns die Hand gab;
und ich, ich verstand seine Sätze voller Düfte nicht
als er, unsere Berge betrachtend
von Produkten sprach und Konsum
und ich, ich dachte nicht daran
dass jene Eisenschachtel
die eine Furche auf der weissen Strasse hinterliess
uns geradewegs in die Hölle brächte.
Liebste, bevor der Tag vergeht
lass die Sonne deine weissen Arme küssen
halt meine Hände fest, denn
nie habe ich sie als so müde empfunden;
schau dir noch einmal das Haus von Armon an, Liebste
sieh das Leid der Leute die oben wohnen.
Singen wir laut dies Lied, Liebste gegen die Zerstörung der Welt.

LA CASA DI ARMON

Ti ricordi, Anna, quel bacio rubato
all'ombra dei pini assorti a guardarci
quando fare l'amore era ancora un peccato
e non c'erano strade, solo viottoli e squarci;
e tu com'eri bella, sembravi un angelo che
sceso dal cielo, mi donavi furtiva
una stella, poi col tuo fare leggero
ti specchiavi nel Reno.
Ti ricordi, Anna, la casa di Armon
appesa a un colle da un filo di ghiaccio
che si scioglieva d'incanto
alle note di una „chanzun" ed al sole di maggio;
e tu che mi aspettavi
quando, al tramonto delle mie fatiche
correvo ignaro sul futuro incerto
di quelle acque pescose,
di quei campi d'ortiche.
Ti ricordi, Anna, quel volto sottile
quando il giorno aveva un colore strano
sembrava un uomo cordiale e gentile
quando ci strinse la mano;
ed io, io non capivo
quelle sue frasi piene di profumi
quando, guardando i nostri monti
parlava di prodotti e consumi;
ed io, io non pensavo
che quella scatola di ferro
che tracciò un solco sulla strada bianca
portasse dritto all'inferno.
Amore mio, primo che cada il giorno
lascia che il sole, baci le tue braccia bianche
stringile forte queste mie mani
perché mai le ho sentite cosi stanche;
guarda ancora la casa di Armon
amore mio, guarda il dolore della sua gente
cantiamo forte questa canzone
amore mio, contro la distruzione dell'ambiente.

Dall' album „Viva Natira", Zytglogge 1988

DER PARTISANE

Der Schatten des Abends
sinkt auf meine Hütte
nur mein eigener Atem, der sich abmüht
zwischen der Stille und der Angst
dass die Soldaten mich
zwischen Dunkel und Wald doch
bemerken könnten.
Und dieses Gewehr
das ich in der Hand halte
wird mir Begleiter
wird mir Bruder sein
aber wer sagt denn
dass ein Partisane
keine Angst vor dem Tod
vor der Nacht hat
aber ein Geräusch verrät mich
-wer geht da-
die Nazis haben mich erwischt
Vorwärts Marsch!
Ich fühle mein Herz bis zum Hals klopfen
eine Mischung aus Hass, Angst und Wut.
Aber wie durch einen Zauber
wache ich auf
und bin allein.
Es ist jetzt vierzig Jahre her
aber ich habe noch immer diesen Alptraum
wenn ich schlafe, wenn ich denke.
Und ich frage mich wahrhaftig
ob es nicht besser gewesen wäre
wenn ich damals gewusst hätte
wer mein Feind ist, von Angesicht zu Angesicht
und auch jetzt ist nichts verändert
ich sehe mich um
und bin allein...

IL PARTIGIANO

Cala l'ombra della sera
nella mia capanna
solo il mio respiro che si affanna
tra il silenzio e la paura
che i soldati tra la selva e il buio
si accorgano di me.
E questo fucile che io tengo in mano
mi sarà compagno mi sarà fratello
ma chi ha detto un partigiano
non può aver paura della morte, della notte.
Ma un rumore mi tradisce, chi va là
i nazisti mi han trovato avanti marsch
sento il cuore in gola che palpita
un miscuglio d'odio, timore e rabbia.
Ma come d'incanto io mi sveglio
e mi ritrovo solo
son passati quarant'anni
ma quell'incubo ritorna
sempre in sogno sempre in mente
dentro me.
E sinceramente mi domando
se era meglio allora
che sapevo chi era
il mio nemico in faccia
e adesso che nulla è cambiato
guardo intorno e mi ritrovo solo.

Dall' album „Verso sera" degli Acanto, Brambus Records 1991

DER FAKIR

Und wieder verliere ich mich zwischen den vielen Wörtern
die ich jeden Tag aufhebe im Schutz vor der Sonne.
Und wieder überlasse ich mich dem Verlangen
wie der, der am Eingang wartet
und die Schwelle nicht überschreitet
von gewissen Grenzen, wo das Ende beginnt
wo es keine Fahnen gibt, und einen fliessenden Übergang
zwischen gut und schlecht
schwarz und weiss...
Wenn es wahrhaftig ist, bleibt das Wichtige.
Es ist wahr
ich verliere mich
weil ich nicht verstehen kann
wie süss die Ruhe der Aprilnächte ist
wenn der Wind durch meine jungen Blätter streicht
mich berauscht und mir kurz danach
die Trunkenheit wieder nimmt.
Und aus den entfernten Seen
meiner Gedanken, die nach Höherem streben
tauchen seltsame Geister von gestern wieder auf.
Und ich würde so gerne auch nur ein Mal verstehen
wenn es etwas zu verstehen gibt
in dieser unergründlichen Welt.
Und ich würde gerne mit einer leichten Geste
den Männern das Herz und den Frauen den Frühling rauben
den sie so unwissend verbringen
von einer grossen Liebe träumen
oder vom Glück ein Kind zu haben.
Und ich möchte so gerne
in die wahre Essenz vordringen
in die verschleierten Geheimnisse dieser Existenz
und im tiefen Dunkel der eigenen Identität
wo die Mythos von Freiheit wiederhallt.
Dich Liebste zu nennen wird dann ein Spiel
wie ein Fakir, der die Geheimnisse des Feuers bezaubert.

IL FACHIRO

E di nuovo mi perdo tra le tante parole
che ogni giorno conservo al riparo dal sole
e di nuovo mi lascio andare alle voglie
di chi attende all'uscio e non varca le soglie
di certe frontiere dove inizia la fine
e non ci sono bandiere non c'è alcun confine
fra il bene ed il male, fra il bianco ed il nero
l'importante rimane, e rimane se è vero.
Ed è vero mi perdo, perché non so capire
come è dolce il silenzio nelle notti d'aprile
quando il vento accarezza le mie giovani foglie
e mi dona l'ebbrezza, e dopo un po' me la toglie.
E nei laghi lontani dei miei alti pensieri
ricorrono strani fantasmi di ieri
e vorrei capire una volta almeno
se c'e mai da capire in questo mondo alieno.
E vorrei rubare con gesto sottile
agli uomini il cuore, alle donne l'aprile
che trascorrono ignare senza battere ciglio
sognando un amore o la gioia d'un figlio.
E vorrei penetrare in vera essenza
nel mistero velato di questa esistenza
e nel buio profondo dell'identità
dove echeggiano i miti della libertà
e chiamarti amore sarà allora un gioco
come un fachiro che ammalia i segreti del fuoco.

Dall' album „Verso sera" degli Acanto, Brambus Records 1991

TAMBURIN UND STIMME

Mit noch feuchten Augen
eines Weinens aus längst vergangnen Zeiten
sprichst du heiter
und still höre ich dir zu
aufmerksam, dass ich keines
deiner ermüdeten Worte verpasse.
Delfiu und Cirinu setzen sich neben dich
und denken an diese Insel
die leidet und klagt
die ruft, die weint
wie ein kranker Mensch
die traurig unter riesigen Laken schläft.
„Wenn ich nur diesen Stock
wegwerfen könnte!"
Alfiu kommt und spielt das Tamburin
mit der Kraft des Guten,
das Böse verjagend
während Pippo sich an die Mauer lehnt
und zuschaut.
Singt Jungen und Mädchen, singt lauter!
Singt auch im Dunkeln, Tag und Nacht!
Singt von Ehre, vom Leben und Tod!
Singt in die Weite hinaus, in der sich der Blick verliert...

TAMMURRA E VUCI

Cu ll'occhi vagnati d'un chiantu anticu
tu parri sirenu e iu mutu t'attentu
scantusu di perdiri li paroli stanchi.
Delfiu e Cirinu s'assettanu 'u latu
pinsannu a'dda terra chi soffri e chi doli
chi chiama e chi chianci comu un'omu malatu
chi dormi scurusa sutta granni linzola.
Putissi livari ddu pezzu di lignu...
ed Arfiu chi veni ti sona lu tammuru
cu la forza d'u beni quannu scaccia 'u malignu
mentri Pippu talìa appujatu n'ò muru.
Cantati picciotti cantati cchiù forti
cantati cu 'u scuru di jornu e di notti
cantati l'amuri la vita e la morti
cantati luntanu runni si perdunu l'occhi.

Dall' album „Ballu e tunnu" dei Tammorra, 1995

EIN KLÜMPCHEN ERDE

Und so ging ich einsam weg, schlich davon
im Halbschatten, so still, wie die Nacht einer Katze.
Werde ich Sonne oder Regen sein in deinen Himmeln?
Werde ich noch da sein, in den grünen Winkeln deiner
Gedanken?
Ich riss die himmelblaue Maske von meinem Gesicht
und herumstreichend auf den Strassen dieser Welt
flog ich frei wie ein irrer Adler
du aber hast meine Flügel gepackt, du hast mein Leben gestreift.
Ich trage dich mit mir wie ein Klümpchen Erde
wie einen kleinen, vom Krieg verschont gebliebenen Stein
und bewahre eifersüchtig unsere Bilder auf
im schwindelerregenden Auf und Ab.
Wie ist die Wahrheit bitter
und wie süss ist jede Lüge
ich wollte die Liebe der Welt
dein Leben und meines.
Könnte ich doch das Rad der Zeit zurückdrehen
ich würde dich suchen in jeder zaghaften Brise
und versunken würde ich den Abend vorbeigehen lassen
und erwartete die rote Blume deines Frühlings.
Sag mir, würde ich dich noch mit offenen Armen antreffen
mit brennenden Kerzen vor Fenstern und Türen?
Wäre ich Sonne oder Regen in deinen Himmeln?
Wäre ich noch eine Insel in deinen Gedanken?
Ich trage dich mit mir, wie ein Klümpchen Erde
wie einen kleinen, vom Krieg verschont gebliebenen Stein
und bewahre eifersüchtig unsere Bilder auf
im schwindelerregenden Auf und Ab.
Wie ist die Wahrheit bitter
und wie süss ist jede Lüge
ich wollte die Liebe der Welt
dein Leben und meines.

BRUSCOLO DI TERRA

E così me ne andai solitario di soppiatto
nella penombra sommessa come la notte di un gatto.
Sarò di pioggia o di sole nei tuoi cieli?
Sarò ancora negli angoli verdi dei tuoi pensieri?
Strappai la maschera azzura dal mio volto
e vagabondo per le strade del mondo
volai libero come un aquila impazzita
ma tu mi hai preso le ali, mi hai sfiorato la vita.
Ti porto dietro come un bruscolo di terra
come una piccola pietra risparmiata alla guerra
e conservo geloso le nostre immagini
nel saliscendi delle vertigini.
Com'è amara la verità
e com'è dolce ogni bugia
volevo l'amore del mondo
la tua vita e la mia.
Potessi tornare indietro nel tempo
ti cercherei in ogni brezza indecisa del vento
e aspetterei assorto il passar della sera
e aspetterei il fiore rosso della tua primavera.
Dimmi, ti troverei ancora con le braccia aperte
con le candele accese sulle finestre e le porte?
Sarei di pioggia o di sole nei tuoi cieli?
Sarei ancora un'isola nei tuoi pensieri?
Ti porto dietro come un bruscolo di terra
come una piccola pietra risparmiata alla guerra
e conservo geloso le nostre immagini
nel saliscendi delle vertigini.
Com'è amara la verità
e com'è dolce ogni bugia
volevo l'amore del mondo
la tua vita e la mia.

Dall' album „Stella Nera" dei Patent Ochsner, BMG Ariola 1997

MUTTER

Schau, wie dieser Vogel fliegt!
Schau, wie dieser Vogel abhaut!
Schau, wie dieser Mann schiesst!
Schau wie dieser Mensch tötet!
Wenn du dieses Lied hörst
denk' nicht, dass ich singe
damit wir diese Ketten vergessen
um uns den Schmerz zu erleichtern.
Diese Worte sind Steine
die dich treffen wollen
im Inneren deiner Brust
im Innersten deines Herzens.
Schau diese Mutter an, wo sie lebt!
Schau diese Mutter an, wo sie schläft!
Schau diesen Kleinen an, wie er weint!
Schau diesen Kleinen an, wo er spielt!
Diese Gitarre ist mein Schlagstock
der dich treffen soll
und der Gesang ist die Hoffnung
auf einen Tag, an dem wir feiern können...

MATRI

Talia d'aceddu comu vola.
Talia d'aceddu comu scappa.
Talia chidd'omu comu spara.
Talia chidd'omu comu ammazza.
Tu c'ascuti sta canzuni
nun pinsari ca ju cantu
pi scurdari sti catini
p'alliviari sti dulura.
Sti paruli sunnu scagghi
ca ti vogghiunu pirciari
'ntra lu funnu di lu pettu
'nltra li visciri du u cori.
Talia 'dda matri dunni vivi.
Talia 'dda matri dunni dormi.
Talia 'ddu nicu comu chianci.
Talia 'ddu nicu dunni joca.
Sta chitarra è u me vastumi
ca ti rumpi'ntra la testa
e lu cantu è la spiranza
chi sarà un jornu di festa.

Dall' album „Verso sera" degli Acanto, Brambus Records 1991

DIE SCHATTIGE SEELE MEINER WORTE

Wenn der Himmel das Meer wieder zu sich nimmt
bei Sonnenuntergang
Liebste
dann sehe ich dich nicht
doch ich fühle dich.
Wenn der Wind den Regen aus den Wellen hebt
dann streichelt er mich
in jedem Winkel des Tages
bei jedem Seufzer der Nacht.
Und in all den Worten
die ich nie vergeblich schrie
in den Augen jener
die noch Hoffnung haben
wirst du sein.
Aber suchst du dann noch
meine Nähe
und denkst an mich?
Kannst du es dann noch?
Ich bin bloss eine unreife Frucht-
die schattige Seele meiner Worte.

L'ANIMA OMBROSA DEL MIO VERBO

Quando il cielo si riappropria del mare
al tramonto, amore mio
io non ti vedo ma ti sento
io non ti vedo ma ti sento.
Quando il vento alza la pioggia
sulle onde e mi accarezzerà
ad ogni angolo del giorno
ad ogni sospiro della notte.
E ci sarai nelle parole
che non ho mai gridato invano
e ci sarai negli occhi di chi non ha perso
ancora la speranza.
Ma saprai amore mio
cercarmi ancora, pensarmi ancora.
Ma saprai amore mio.
Io non sono che un frutto acerbo
l'anima ombrosa del mio verbo.

Dall album "Stop AIDS", COD Records 1997

GLOSSAR:

amore, sole, mare, belcanto
Liebe, Sonne, Meer und schöner Gesang

anime decollate
geköpfte Seelen

allegro
lustig, beschwingt

batticuore
Herzklopfen

„Brigate Rosse"
linksextreme Terroristen, vergleichbar mit der RAF

Buscetta, Tommaso
einer der ersten Kronzeugen gegen die Mafia

camminando
von camminare: weitergehen; unterwegs

cantautore
Liedermacher;
siehe dazu: Ankli/Burri: „Cantautore Republic", Lenos Verlag

canzone italiana
das italienische Lied

cavoli loro
Umgangssprachlich: das ist ihr Bier

cazzo
häufig gebrauchtes Schimpfwort, je nach Verwendung: Arsch, Scheisse

„Centro per lo sviluppo armonico dell` uomo"
Zentrum für die harmonische Entwicklung des Menschen

chi lo sa
wer weiss (das) schon

„Cinema Paradiso"
Film von Guiseppe Tornatore über die Freundschaft zwischen einem kleinen Jungen und dem Filmvorführer eines Provinzkinos; spielt in den Jahren nach dem zweiten Weltkrieg.

compare
Freund, Kumpel

„Cosa Nostra"
eigentlich: „Unsere Sache";
Bezeichnung, die die sizilianische Mafia für sich selbst verwendet

„Dizionario della canzone italiana"
Lexikon des italienischen Liedes

Riina, Totò
einer der ranghöchsten Mafiabosse

e poi
und dann

ecco
da schau an

elementari
die ersten vier Grundschulklassen

„Et in arcadia ego"
lat. „Auch ich in Arkadien". Inschrift eines Bildes von Schidone (1615), auf dem zwei Hirtenknaben wehmütig einen Totenschädel betrachten. Goethe verwendete es ursprünglich als Motto seiner „Italienischen Reise"

Falcone, Giovanni
Staatsanwalt, starb 1992 durch ein Attentat der Mafia

Foscolo, Niccolò
(1787-1827) Dichter des Neoklassizismus, wollte die Literatur von

fremden Einflüssen befreien.

furgoncino
kleiner Lieferwagen

Garibaldi, Giuseppe
(1807-1882) italienischer Offizier.; Hauptgestalt des italienischen Risorgimento (Bewegung zur Vereinigung Italiens). Begann 1860 die Befreiung Siziliens.

„Il Gattopardo"
„Der Leopard" Roman von Giuseppe Tomasi di Lampedusa (1896-1957) über die sizilianische Feudalgesellschaft zu Zeiten Garibaldis

gelato
Speiseeis

Gral
Sage des Gral, nach der das aus den Todeswunden Christi tropfende Blut in einem Gefäß (Gral) aufgefangen und von Engeln an einen geheimen Ort gebracht wurde, der von den sogenannten „Gralsrittern" bewacht wird. Es gab Vermutungen, dieser geheime Ort befände sich in Montsegur/Frankreich und die Katharer, eine religiöse Bewegung des Mittelalters, hätten den Gral gehütet. Und die gegen sie geführten Albigenserkriege wären ein Kreuzzug des Papstes Innozenz III. gegen den Gral gewesen.

grossomodo
ungefähr

Guarda la strada, per favore!
Gib bitte auf die Strasse acht!

Gurdjieff; Gregorei Ivanovitch
(1877-1949) moderner Mystiker und Okkultist

indiani metropolitani
„Stadtindianer"; Bezeichnung für die autonome Szene Ende der 70er Jahre in Italien.

insomma
alles in allem

Isola della Femmine
Insel der Frauen

Jara, Victor
chil. Sänger, der aufgrund des Miltärputsches 1973 von Pinochet-Putschisten hingerichtet wurde

Koyaanisqatsi
Film von Godfrey Reggio. Der Titel stammt aus der Sprache der Hopi-Indianer und bedeutet: '"Leben ohne Balance". Der Film stellt natürliche und von Menschenhand geschaffene Eindrücke, häufig verfremdet oder verzerrt, einander gegenüber.

Lavori in corso
Baustelle

ma stronzo
he du Arsch

ma tu sei matto
du bist doch komplett verrückt

Manzoni, Alessandro
(1785-1873) bedeutendster italienischer Romantiker, wichtigstes Werk „I promessi sposi" („Die Verlobten"); weckte im Volk das Bewusstsein über die Situation der Zerissenheit durch die Kleinstaaterei und bereitete so den Weg für das Risorgimento (Einigungsbestrebungen).

Matura
Abitur

mi fa schifo
es kotzt mich an

Montale, Eugenio
(1896-1981) Begründer der sogenannten hermetischen Dichtung Italiens.

Moresca
span. „Morisca". Vom 15.-17. Jhd. in ganz Europa verbreiteter, wahrscheinlich aus Spanien stammender Tanz. Mit Schellen an den Füssen stellen die Tänzer pantomimisch den Kampf der Spanier gegen die Mauren dar.

Moro, Aldo
italienischer Politiker, der von der Brigate Rosse entführt und umgebracht wurde

Neruda, Pablo
(1904-1973) chilenischer Literaturnobelpreisträger; begann mit konventioneller Lyrik, wendet sich später der surrealistischen Dichtung zu. Besingt die Natur, Geschichte und Einwohner des präkolumbianischen Amerikas. In seinen „Elementaren Oden" behandelt er alle erdenklichen Sachverhalte und Themen des menschlichen Daseins.

non scherziamo
das ist kein Witz, ernsthaft

omertà
Schweigepflicht; Verschwiegenheit

padrino
Pate

Pavese, Cesare
(1908-1950) italienischer Schriftsteller des Neorealismus. Kennzeichnend für sein Werk sind Skepsis und Pessimismus

palazzo
Palast

pazzi
Verrückte

pentito
Bereuer; Kronzeuge in den Prozessen gegen die Mafia

perchè no
warum nicht

persona rispettata
Respektsperson

pizzo
wörtlich: „Spitze"; hier: Schutzgeld

poètes maudits
Titel eines Werkes von Verlaine, das literarische Portraits, unter anderem von Rimbaud und Mallarmé, der dekadenten Epoche, zum Inhalt hatte. Kennzeichen dieser lierarischen Strömung ist das Misstrauen gegenüber einer kaum beherrschbaren Technik und die Flucht ins Irrationale und Symbolische

pranzo
Mittagessen

Quasimodo, Salvatore
(1919-1968) sizilianischer Lyriker und Nobelpreisträger. Er thematisiert in seiner Dichtung die sizilianische Landschaft und später das Leben des modernen Menschen und dessen soziale Bindungen.

La Rete
eigentlich: „Das Netz"; Antimafiabewegung

ritonello
Refrain

roba da matti
zum Verrücktwerden

Santa Rosalia
Schutzheilige Palermos

scanzonato
fröhlich, beschwingt

scappare
davonlaufen, entkommen

„Se il genio ..."
„Wenn das Genie Goethe auf diesen Felsen zurückkehren könnte, würde er das Werk derjenigen segnen, die für den Reisenden einen Ort des süssen Verweilens schufen, und für die Stadt ein liebliches Stadtviertel, an das in leuchtender Harmonie die Schönheiten des Berges und des Meeres reichen, an das schönste Kap der Welt."

sindaco
Bürgermeister

stronzate
Scheisse

Tammuriata
Tanz aus der Provinz Neapel und Apulien

Tarantella
schneller süditalienischer Paartanz, von Tambourin und Kastgnetten begleitet

tangentopoli
Name für die Korruptionsaffären der 90er Jahre

un casino di concerti
einen Haufen Konzerte

va be
O.K.

vai a cagare
Scheiss drauf!

Zwinglianismus
Ulrich Zwingli (1484-1531), Schweizer Reformator. Beeinflusst vom Humanismus, Martin Luther und Erasmus von Rotterdam. Er forderte die Abschaffung der Messe, den Verzicht auf Kirchenmusik, die Beseitigung der Bilder aus den Kirchen.

NOTIZEN

NOTIZEN

NOTIZEN

„Ja, die Genüsse des Augenblicks werden hochwichtig:
lieber eimal mehr gegessen, und dafür gut und viel..."
Arno Schmidt

Gastronomische Ausgestaltung kultureller Anlässe
Organisation und Durchführung von Feiern bei Ihnen zu Hause.
Lieferung von individuell dem Anlass Ihrer Feierlichkeit
entsprechenden Gerichten...

Der Wunsch nach dem Einklang Ihrer Vorstellungen mit unserer
Liebe für eine herzliche und qualitativ hochwertige Gastronomie ist
der Leitfaden all unserer Unternehmungen.

Tel. + Fax 07143/830194 Entengasse 15 74354 Besigheim